幕末尾張藩の深慮遠謀

御三家筆頭の尾張が本当に何もしていなかったのか

・はじめに──著者に代わって

東京で発行されている雑誌の編集者に会ったとき、「あの大変な幕末期に尾張藩は一体、何をしていたのか」とからかわれたことがある。また、尾張を「幕府の葬儀委員長」と表現した作家もいた。日本の一大転換期にもかかわらず、御三家筆頭の尾張藩はなかなか話に出てこない。

一方、歴史に詳しい人なら、藩主だった徳川慶勝《よしかつ》公の名前くらいは知っている。しかし、その口からは「朝廷側についた裏切り者」とか「兄弟でありながら弟（会津藩主、桑名藩主）を見捨てた」などと言われたりもする。いずれにしても尾張の評判はあまり芳しくない。

また、新しくできた明治政府に尾張の人が入れなかったのを指摘されたこともある。これもいささかお門違いの批評であり、権力や名声を求めない名古屋人の気質があったからなのではないか。このときとばかり猟官に走る人が多かった中で、新政府が動き出すのを見届けるや、慶勝公はじめ多くの者がいさぎよく身を引いてしまっている。

幕末を描く小説やドラマ・映画などでも、尾張の人物が登場することはまずない。出てくるのは勝った薩摩・長州などの人たちであり、負けた幕府側の悲劇のヒーロー・ヒロインたちだ。この重要なときに、尾張藩は何もしないでいたのか。

名古屋で暮らす者の一人として、このような現状はいたたまらない。名古屋人にはここでももっと自信を持ってもらいたいし、一般の人々に当時の尾張がいかに〝活躍〟していたかを知ってもらいたい。そんな思いで軍事史研究家であり幕末の歴史にも詳しい渡辺博史氏に、読みやすくて分かりやすい形で執筆していただくことになった。

尾張藩の幕末の〝主役〟慶勝公と言っても、この人の名を知る人は少ないだろう。そんな中で早くから高く評価されてきたお一人が漫画家の黒鉄《くろがね》ヒロシ氏である。氏は歴史にも造詣が深く、テレビや雑誌などでもしばしば発言されている。

黒鉄氏は先ごろ出た『写真家大名・徳川慶勝の幕末維新』（NHK出版）の中で、「日本にとっての大恩人だったと思います。彼を知ることによって、僕らは幕末をもう一回見直す視座を獲得できる」「僕たちは、いわゆる薩長土肥の志士たちの活躍に目を奪われがちですよね。それは扇にたとえると扇面の絵ですよ。しかし、果たしてそうなのか」（同書）と語っておられる。そして、これを一枚のイラストにされているが、その見方も表現力もすばらしい。

それによると、扇の要に座った人影が描かれている。絵や文字などの書かれる扇面が派手に動き回る薩長土肥や幕府側の人たちの舞台ということになる。これを何もしない振りをして、遠くからじっと眺めている人物が慶勝公であるというのだ。

当時、薩長などは幕府を倒すことしか念頭になかった。慶勝公は内戦を避けようと幕府側にも朝廷側にも軸足を置き、先の先までを読んで水面下で両者の周旋に努力された。これが一般には分かりにくく、不当に低い評価となっている。

黒鉄ヒロシ氏の考えを紹介した本
『写真家大名・徳川慶勝の幕末維新』

とにかく当面の敵である幕府を倒せというのが薩長だった。これでは内戦にもなりかねないし、もしそんなことにでもなれば、中国のように外国勢の餌食にされる危険性すらある。事実、新政府は討幕を果たしたものの人材にも事欠き、五稜郭で最後まで抵抗した榎本武揚を登用せざるを得なかったほどだ。

薩長のこうしたやり方をハードランディングとするなら、慶勝公の目指したものはソフトランディングだった。この先、いまの幕府では立ち行かなくなるとは見るものの、どうやって平和裏に次へバトンタッチさせてゆくのか。幕府と朝廷の双方に配慮し、対立する両者を水面下で融和させることにあった。

扇面で派手に立ち回る役者は目立ちやすい。これに対して慶勝公の活動は話し合いによる外交交渉にも似たものである。そこにはドラマチックなものは見られないし、注目しようとする人も少ない。

しかし、あのような時期に必要だったのはこうした地道な努力だったのではないか。慶勝公の行動は鳥羽・伏見の戦いが勃発してご破算になってしまったが、その後もあきらめることなく新体制への移行に協力している。いま世界のあちこちで力にものを言わせるケースが増えてきているが、本当に必要なのは戦争を回避するための慶勝公のような努力なのだろう。

慶勝公は写真好きでもあり、貴重な作品を残されている。尾張藩は黒船が来るというのに、大砲や反射炉などを造っていない。これは情報にうといというのではなく、著者の渡辺氏が本書の中で述べられているように、世界の情勢を知っていたからこそ、西欧と武力で戦うむなしさを早くから承知されていたのだろう。

このころ、御三家の紀州や水戸は陰が薄く、京都の五摂家にもかつての声望や威勢は望むべくもなかった。薩長などの外様や岩倉具視《ともみ》らの身分では、これからの日本を動かしてゆくだけの政治的な地位も力もない。そんな中で尾張の慶勝公は幕府をまとめ、ただ居るというだけで周旋役を嘱望されるだけの存在感を持っていた。

ところで、筆者の渡辺氏は三年前に医師から手術不可能なガンとの宣告を受けられた。一時はひどく落ち込んでおられたときもあったが、一転、これまでの研究成果を一冊でも多く本の形にする決心をされた。その後の執筆ぶりには鬼気迫るものがあり、病魔も逃げていく感すらある。

以来、ご専門の海軍関係の本『護衛部隊の艦艇』(全四冊)『壮絶 決戦兵力　機動部隊』(全四冊)『艦隊決戦の幻影 主力部隊』(六冊まで刊行済み)を出され、その間に今回のこれをお願いすることになった。渡辺氏には『尾張藩幕末風雲録』『【追録】尾張藩幕末風雲録』の著書もあるが、本書を架け橋として『概観名古屋の明治』(仮題)の原稿もすでにいただいている。そして、いまなお命と競争するかのように、新たな著作に取り組んでおられる。

執筆された原稿のチェックなどをされているのが、渡辺氏が「畏友」と言われる永井久隆氏である。お二人は渡辺氏が席を置かれたかつての職場で、上司と部下の関係にあられた。永井氏も歴史に関心が深く、ガンの宣告以後、本作りの面で師弟コンビの復活となった。

本書の編集に当たっては内容の検証や巻末の参考資料・年表などでも永井氏に大変お世

話になった。その労を思うと「監修」として名を挙げておくべきかもしれない（が、遠慮されたので、あえてしない）。海軍史の執筆に余念のない渡辺氏に代わり「はじめに」を書かせていただくことになったが、ここで改めてお二人のご努力・ご協力にお礼を申し上げておく。

ブックショップマイタウン店主　舟橋武志

●も・く・じ

イラスト　近藤　徹

表紙カット　瓦版第二次長州征伐図（当店蔵）

第一章　内戦回避へ、御三家筆頭尾張藩の苦悩

一、自慢にはならない「勝てば官軍」

慶応三年（一八六七）の大政奉還から戊辰戦争を経て、明治の廃藩置県に向けてはまったく目まぐるしく、慌ただしい年々でした。諸外国の公使たちは新政府が志向する戦争や諸改革が、自国の歴史や国内の状況にてらして、成功裡に収まるとは楽観していなかったようです。特に、戊辰戦争での官軍の勝利、諸大名から領地を取り上げる廃藩置県などは、実現不能と見る向きもありました。

大体、朝廷の公卿たちも官軍の諸藩の幹部たちも、この大変革を実現するために戊辰戦争となったわけですが、戦争も占領地の軍政にもほとんど経験がなく、危なっかしい限りでした。各地の戦闘においては個人的な武功を競い、相手を挑発して戦《いくさ》を拡げ、何とかして勝つことにしか関心がなく、内戦の惨禍がもたらす占領地の疲弊など、勝っても得るところが少ない戦争全体の損得勘定はほとんど意に介さない人たちでした。

官軍の将兵の多くは、相手が賊軍となれば何をしても良いとする乱暴な集団でした。こうした軍隊に対して、朝廷の官軍の元締めも野放しであったわけではありません。

慶応四年（一八六八）、大総督府が江戸攻めに進発する頃、太政官は部内全般に向けて、今後心得るべき条項を触れ出します。軍中においては上下貴賤は寝食労逸を同じくすること。喧嘩口論は厳禁。民家町家に押し入り乱暴狼藉はもちろん、押し借り押し買いは堅く禁止。遠出のとき、田畑を踏み荒らし、竹木を切り取ることは堅く禁止。みだりに酒会を催し、醜態をさらさないこと。旅宿先においてみだりに忿怒を表し、小民を萎縮させないこと。上は下に威張らず、下は上に礼儀を等々でした。

これは寄せ集めの官軍の本質を考え、良く配意された御触れですが、受け取る将兵の方はこんなもので戦争が出来るかという感触でした。酒会、乱暴狼藉、押し借り押し買いは、ほとんど日常茶飯事で、効き目がありませんでした。

御触れは再々繰り返してとなりますが、端的に言えば、太政官のアリバイ作りに終わります。非行の違反組は官軍の幹部の中にもおり、責任者ともども厳罰に付すと告げながら、一向に実施できる体制になりませんでした。「勝てば官軍」で、官軍の非行は大方が野放しでした。

英国公使館の外科医ウィリスは、官軍の求めに応じて会津攻めに従軍します。配属された官軍の部隊は粗末な食事で山野を強行軍してウィリスを感嘆させたのですが、捕虜となった賊軍の処遇のひどさを見るにみかねて、ウィリスはその改善を勧告しました。

外科医ウィリスに賊軍の難民と捕虜の処遇改善を求められた官軍は、早速、費用を捻出して対策にあたります。ところが、その公金の一部が分け前としてウィリスにも渡されます。ウィリスは官軍幹部たちの公徳心が欠如している有様に驚き、受け取りませんでした。

この話を聞いた英公使館のアーネスト・サトウはそれを日記に残しています。

賊軍の領地に入れば、略奪などは当たり前の時代で、捕虜や避難民の救済など、ウィリスに指摘されるまでまったく思いもつかなかったわけです。会津藩の柴五郎少年（のち陸軍大将、昭和二十年自刃）は、こうした官軍の行為を「下郎武士」と書き、回想に恨みを記しています。

また、十年余も前のことですが、河北新報の社主は、軍事史学会総会が仙台で開催された際に、基調講演の中で中央政府相手に連戦連敗を重ねた東北の歴史を総括されました。東北諸藩を賊軍呼ばわりした薩摩・長州に対して、自分たちの父祖はあちらが賊軍と思って戦ったと述べていました。維新史は当時のモラルと文化水準の面からも、見直されなくてはならないと思います。

会津では白虎隊の少年隊士の墓所が、いまだに多くの観光客を惹き寄せていますが、会津を占領した官軍の幹部は、戦死した会津藩士の遺体の埋葬を許さず、長い間放置して見せしめにしました。再三の嘆願を傲然《ごうぜん》と無視した官軍の幹部は、のちにその恨みで暗殺されることになります。

明治になって官軍の非行は、すべて不問に付されました。その一方で、長州戦争で占領した周防大島の島民に対して幕府側の藩兵が行き過ぎた行為をした事件は咎《とが》められました。

のちに公式に謝罪することになりますが、これも官軍と同じです。違う点は、「勝てば官軍」で、官軍の場合は謝罪する必要がまったくなかったという点です。

当時、武士と言えば、果敢な武力行使しか念頭にない殺伐とした環境の中にありました。戦争に不熱心だった尾張藩の慶勝公とそのスタッフの存在が、尾張と江戸を戦禍から防ぐことになります。その異色の人々の評価は、腰抜けというのが大半でした。その腰抜けのお陰で、どれほど大きな国益が守られたことか。

二、慶勝・茂徳・義宜―幕末三人の尾張藩主

話は文化文政の頃にさかのぼりますが、十一代将軍家斉は大きな大奥を擁し贅沢三昧の暮らし向きでした。賄賂政治により閣僚をはじめ多くの役職は金次第、二十数人の成人した子女をもうけます。時の老中はこの子女をしかるべき大藩や親藩等に継子など縁組みさせるのが、最大の政治課題であると懸命になります。外では長崎に英国軍艦が押し込み、奉行が引責自刃する騒ぎが起き、黒船対策で浦賀水道の両岸に砲台がという時節に入りながら、尾張藩主には将軍家斉や一橋、田安家の子が次々と送り込まれます。

これでは美濃高須家から継子を迎えてという余裕はなく、世間知らずの天下り藩主を次々と迎え、うんざりした藩内では田宮弥太郎（のちの如雲）等が天下り反対の行動を展

尾張藩“天下り”藩主の系図

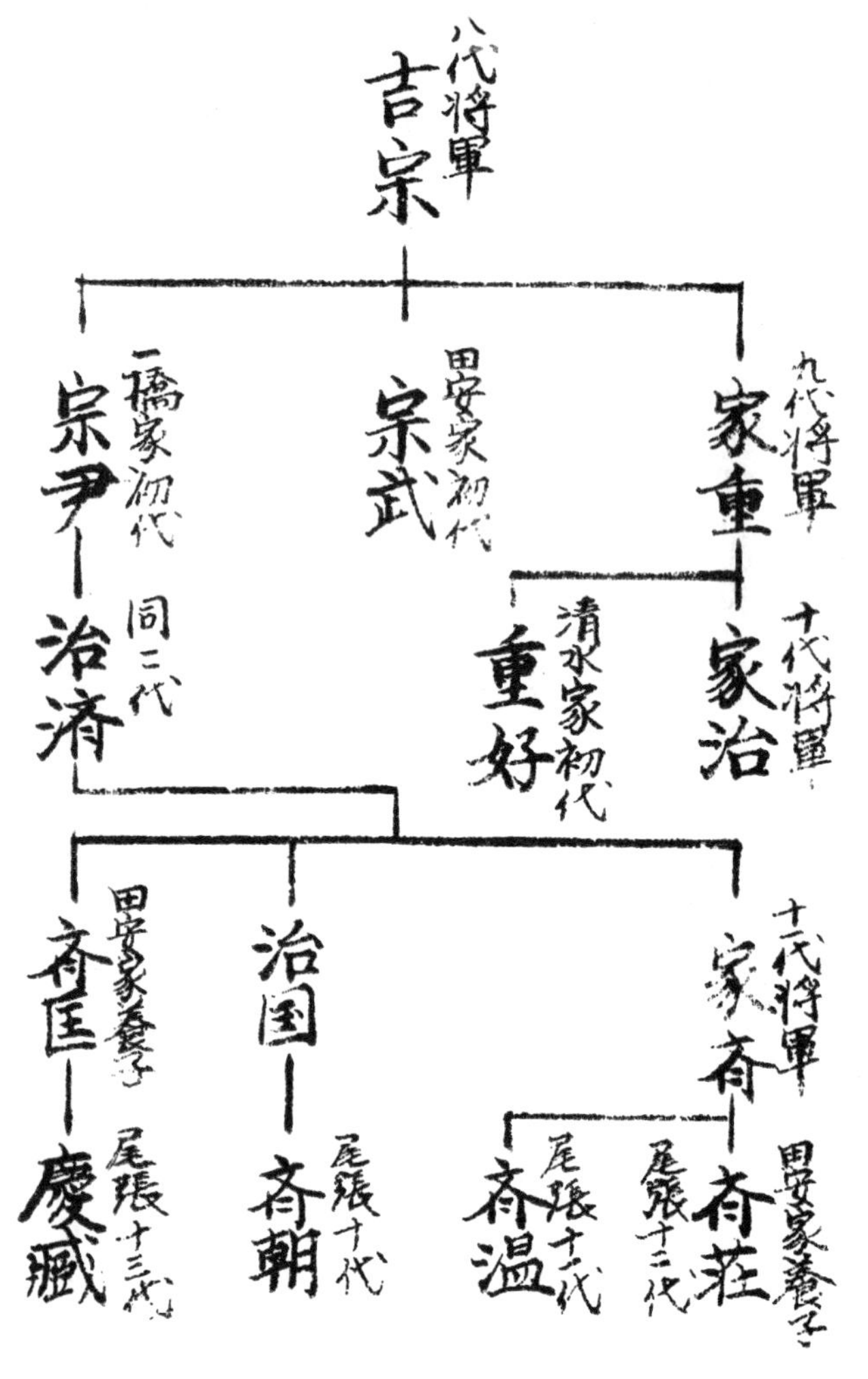

開しました。天保の改革に失敗した水野忠邦に代わり、若い老中阿部正弘が就任すると天下りがなくなり、高須家の次男慶勝公が六十二万石の尾張藩主に起用されます。

老中の阿部は御三家を強化してという思いでした。更に次の将軍には早々と一橋慶喜を と画策し、幕政改革派の諸大名を登用しましたが阿部は若くして亡くなり、のちに大老井伊直弼《なおすけ》の登場によって一橋派の幕臣は次々と粛正されることになります。

嘉永二年（一八四九）、尾張家の家督を継いだ徳川慶勝は就封の経緯からも藩主の座にしがみつくタイプではなく、自分の擁立に働いた田宮等の識見に着目して、ブレーンとして重用することになりますが、その処遇については格段に引き立てることもありませんでした。高須から人あたりの良い長谷川敬を伴っただけで、天下り藩主たちによく見られるような側近と用人の頭数を別に揃えてという就任ではありませんでした。

安政五年（一八五八）七月、慶勝公は水戸藩主の徳川斉昭や越前藩主の松平慶永（春嶽）らとともに不時登城し、勅許を得ないまま日米修好条約に調印したことや幕政のあり方について井伊大老を詰問しました。これを咎められ、江戸の戸山屋敷（尾張藩下屋敷）へ幽閉されることになります。

慶勝公は開国策と将軍継嗣について、井伊大老と対立して隠居謹慎を申し渡されるリスクを侵す人物でした。前年に亡くなった老中阿部の意志を守ったわけでした。

次に尾張藩主に起用された茂徳《もちなが》（のち玄同）公は、身一つで尾張藩に赴任しました。茂徳公もまた、朝廷から差し止められた生麦事件の法外な賠償金の支払いを、戦争を防ぐために独断で実行する人物でした。後に支払いの責任を追及され、幕府の老中が解任されると、茂徳公は自ら隠居を申し出て引退しました。地位に恋々とする心事は微塵もない潔さで、実現不可能な攘夷の政策の矛盾を半ば公然と指摘する行動でした。

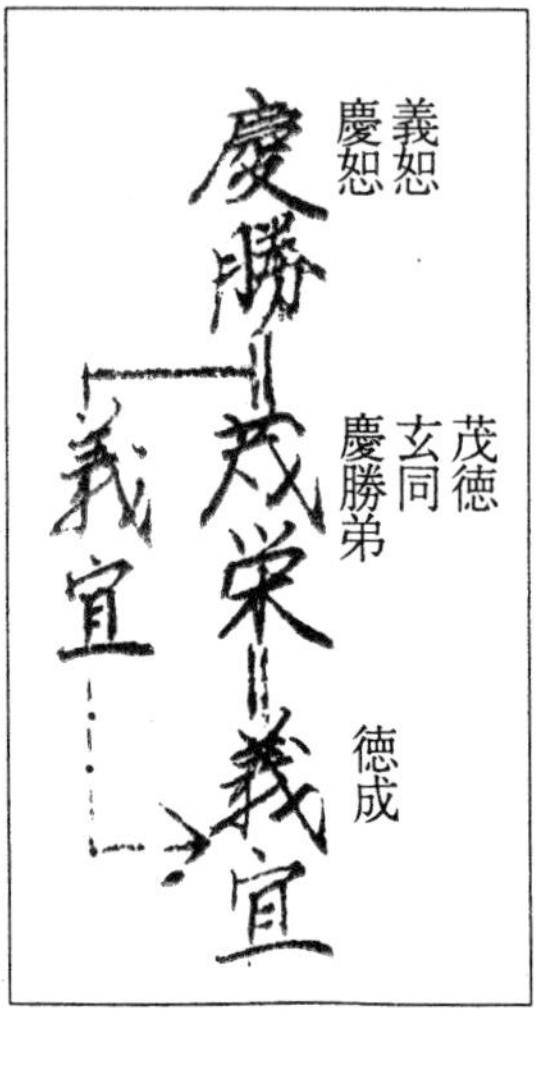

後任の藩主には、実兄慶勝公の幼い三男元千代（義宜《よしのり》）を自分の養子として届け出て、既に謹慎解除となっていた前藩主の慶勝公に藩の実権が渡るように配意されました。ところが、慶勝公は隠居した玄同公が養親として引き続き藩政を見ることを求め、尾張藩主は一時期、慶勝公の言によれば「一国三主」の状態となります。これもまた間もなく国事周旋に当たられることになった慶勝公としては、好都合な布石だったと思われます。

三、征長総督に浮上した尾張の慶勝公

文久二年（一八六二）、慶勝公は上洛して朝幕間の周旋に当たられることになります。こ

れ以降、幕末の大政奉還から明治新政府の発足、江戸城明け渡しに至るまで、我が国が当面した近世最大の危機において、尾張藩が果たした役割は実に大きなものがありました。

特に、征長総督を命じられた元尾張藩主徳川慶勝公とその側近成瀬隼人正、田宮如雲等が朝廷と幕府の企てた長州征討を骨抜きにした動きはもっと高く評価されるべきだと思います。内戦を防ぐため、事前の工作により長州藩の謝罪と恭順を求め、責任者の家老三名ほかの切腹をはじめ幹部たちの処罰が実現すると、停戦条件の確認はお座なりで、幕府に断ることなく総督の権限でさっさと撤兵しました。

もともとは幕府から任命された征長総督でしたが、慶勝公は朝廷からも節刀を与えられており、言わば二重の任命のような総督でした。朝廷が外征将軍に与える節刀の行事は、先の攘夷断行のとき、朝廷の攘夷派の公卿たちが上洛してきた将軍家茂に対して企てました。

まず、攘夷祈願の上賀茂行幸に将軍を供奉させ、将軍は天皇と公卿たちの下にあることを、京都の町に見せつけました。次いで、石清水八幡宮への行幸に将軍は供奉を命じられ、神前で節刀を将軍に与え、何が何でも将軍に対し期限付きで攘夷の実行を迫ることが企てられました。

さすがにここまで強要されると、将軍は立場も面目も丸潰れになります。勝算のない攘夷の即時実行は一方的に命令されても受けられないとなり、家茂公は病気で欠席、将軍後見の慶喜公は神前に出る直前ににわかの腹痛ということで欠席、節刀の授与はお流れになります。

こうした一連の攘夷即時実行の強要は、長州藩が朝廷の公卿層に食い込み、孝明天皇にあれこれと工作した結果でした。度が過ぎた工作に強い嫌悪を示された孝明天皇の意向を受け、中川宮が会津、薩摩の両藩と計ってクーデターを実行、長州藩と攘夷急進派の公卿三条実美《さねとみ》ら七名が京都から追放されました（八月十八日の政変）。

このクーデターを理不尽として反発した長州藩は翌元治元年（一八六四）、家老三名が兵を率いて上洛、会津・薩摩の両藩と激戦となり敗退しました（禁門の変または蛤御門《はまぐりごもん》の変）。そのとばっちりを受け京都の町は大きな焼け野原となり、長州征討が持ち上がります。

最初、紀州藩主が総督に、親藩の越前藩主が副総督となりますが、これは言わば新聞辞令のような下馬評でした。なんでも征伐すれば良いというものではなく、そこには政治的に適切な進退の駆け引きも必要な場面でした。

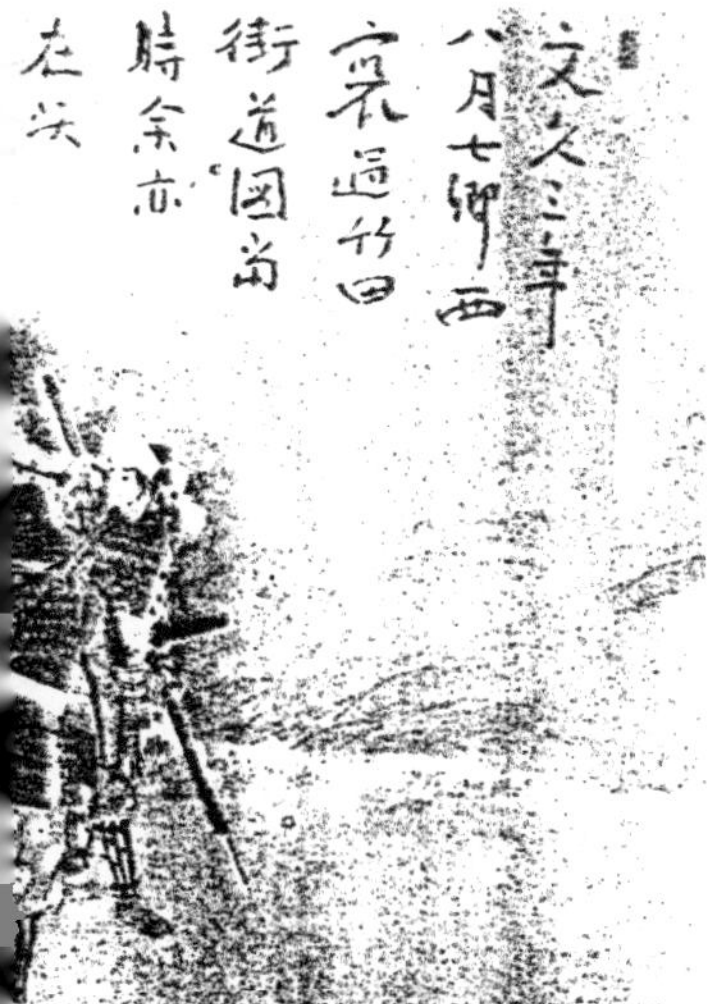

出兵諸藩が多いとなれば、総督にはそれなりの格式と力量のある年輩者が求められます。将軍後見から禁裡守衛総督となった一橋慶喜公は最も熱心な長州征討派でしたが、単なる公卿中納言に相当する一橋家の格式では、総督はおろか、副総督も望めない立場でした。

尾張の前藩主玄同公（茂徳・義比）は将軍に次ぐ立場で御三家の代表格に当たる先任者でしたが、先に将軍の上洛で江戸留守居役を勤めたとき、独断で生麦事件の賠償金を支払い、京都に引き留められた将軍を救出するため、兵を率いて上洛を企てました。こうした行為から、剛胆ではあるが御し難い人物となり、征長総督には不向きと見られていました。

結局、幼い藩主の実父に当たる元藩主慶勝

三条実美ら七卿の西下図（当店蔵）

公ならば無難だとなるのですが、これには陰で相当の紆余曲折があったと思われます。元藩主慶勝公は、将軍補翼従二位権大納言という点で、出兵諸藩の藩主たちよりも、長州藩主よりも格上の存在でした。

それに加えて、藩主を隠居引退したときの理由が井伊大老の開国策に反対してというのも、攘夷急進派の長州藩に対しても、出兵諸藩にしても、朝廷の公卿たちにとっても、まずは最も順当な人選と思われました。そこには、大規模な内戦を嫌う公卿上層部と諸藩主たちにとって、密かに期待される人選であり、長州藩を潰したいと思う武断派にとっては、密かに懸念される人選でした。

第二章　第一次長州征討の陰で

一、孝明天皇も尾張藩の周旋に期待

同じ大納言家で現役の紀州藩主を差し置き、尾張の元藩主を総督に起用するというのはいささか奇異な感じもあります。しかし、御三家と親藩の現役藩主の地位と立場は、井伊大老の安政の就任時以来、壊滅的なまでに弱められていました。外様の雄藩が攘夷の意向が強い朝廷の公卿に取り入り、長州、薩摩、土佐などが勢威を振るえたのは、未成年の将軍を囲む御三家と親藩が見る影もないほど弱かったことも一因でした。

尊王攘夷派の水戸斉昭公が蟄居謹慎の中で亡くなられたあとは、年格好と力量から見て、徳川一門を代表する陰の人物は尾張の元藩主慶勝公しか見あたりませんでした。そこで乖離する朝廷と幕府の間を周旋できる人物として、慶勝公は元藩主でありながら、文久二年春、従二位権大納言に叙任され、文久三年夏の政変の前に、孝明天皇から御宸筆により内勅を賜っています。

御宸筆の趣旨は天下治乱の境にあり、偽勅まで出て在位も有名無実、朝威相立たず、この有様では天下催乱の状態で、昼夜苦心と天

皇の苦しい状態を率直に述べ、その辺を深く考え、周旋を依頼するので承知してほしいと結ばれています。慶勝公に対する深い御信任が述べられています。

陰の周旋役慶勝公は征長総督として表に出ることになったものの、その実態は相変わらず国事の周旋役であったと思われます。この周旋役というものの存在意義は西国諸藩主も公卿たちも十分には理解できなかったようです。畏友永井久隆氏は、慶勝公の幕末の行動の原点は、この御宸筆に根ざしているのではないかと指摘しています。

慶勝公は安政五年、将軍家定の次に一橋慶喜を推し、勅許なく通商条約調印をすることに反対して井伊大老と対立しました。その結果、隠居謹慎を命じられ、戸山屋敷に幽閉されたことは前に述べましたが、この幽閉の歳月の間に、のちの慶勝公の政治姿勢の核が形成されることになります。

今の幕藩体制では、この先の苦難を乗り越えられるか、甚だ心許ない。新しい政権構想となれば、どうしても朝廷を中心にとなるが、公卿に国政全般を取り仕切る器量はない。外様雄藩の力を借りてとなるのは避けられない。となると、朝廷内の公卿と諸藩の間で武力を背景とした指導権争いが起こり、成り行き次第では大規模な内戦が起きるリスクさえ出てきます。

尾張の元藩主慶勝公は、徳川一門を代表する立場で、藩内外の武力蜂起や対立を防ぎ、大きな藩内抗争や内戦の発生を抑えて、幕府に代わる新政権への移行までを、何とか無難に進められないかと念願されます。となれば、権勢欲とか名誉欲とかを抜きにされた立場で、目立たない形でこれを周旋する者がいなくては、来るべき大変革（政権交代）をなるべく少ない犠牲で成し遂げることはできません。

慶勝公は自らも無欲を貫き、その時が来たら、権勢欲にも名誉欲にも無縁なスタッフを集めて、この大きな変革に際して、名古屋はもとより江戸を焼け野原にすることなく、また宗家の廃絶を招くことなく、新政権の成立を周旋できないかと密かに思いを巡らされる年々でした。

幽閉中に形成された慶勝公の密かな志に道を拓いたのは、幽閉を解かれた慶勝公を尾張藩主に戻すのではなく、単なる権大納言として国事の周旋に当たれという起用でした。尾張藩主とは無縁の任命で、官位だけは尾張藩主と同格の権大納言とし、任務は藩の利益とは直接関係がない国事の周旋で、将軍を補佐せよとなったわけです。もちろん、尾張藩とはまったく無関係というわけではなく、元藩主が国事の周旋に必要とする人材と費用は、尾張藩が供与してとなります。

二、活発化する外様、黒子に徹する尾張

あの頃、前藩主とか、藩主の父とかいう立場で、国事に関して様々な献策をして、あれこれと動き回る人物が世の期待を集めました。あるいは洋書を読み、英国公使を藩に招待してという藩主もいました。

いずれも中納言格の諸公たちで、中には武力を背景にして朝廷の公卿たちを威圧し、あるいは利益を供与して懐柔し、幕政の改革や人事に公然と介入しました。いずれも攘夷の実現を目指すもので、幕政の改革が進まず攘夷が叶わぬとなると、次は幕府そのものを有害無用な存在として、武力本位の勤王倒幕で幕府の解消を図る方向に走ります。

御三家筆頭、尾張藩の居城、名古屋城

他方、幕閣の閣僚にあたる老中も、井伊大老の暗殺、老中安藤信正の暗殺未遂と続いたあとは、それらしい人物を欠くようになります。老中たちは攘夷の実行は不可能とする立場で、朝廷の公卿上層部を買収にかかり、孝明天皇が激怒されるなど姑息な手段の展開になります。

幕閣の大老を越前の春嶽公に代え、一橋慶喜を将軍後見に据えたら、幕政の改革が進み攘夷が実現するかとなり、朝廷が勅使を派遣して人事を実現したのですが、結果は代わり映えのしないものでした。元々が実現不可能な攘夷の実行を図るため、上に期待される人物二人を据えてみても、それで攘夷の実現に有効な幕政の改革などは望むべくもありません。

攘夷の実現を遮二無二に急ぐ硬直した過激派には、そんな思慮も先見もなく、天皇の思惑も越えて暴走します。結局、上からの改革など無理だとなるのですが、尾張の慶勝公も幕臣大久保忠寛《ただひろ》と同様、これは無理な注文だと見ておられました。

幕閣の上二人の登用でも幕政改革は無理だとなっても、老中のなり手は尽きることなく、幕府が長続きしないという危機感も大方の幕閣には希薄でした。三世紀も政治から離れていた公卿や西国の田舎者など問題でなく、政権は幕府が担わなくてはという漠然とした優越感の上に、言わば安住している格好でした。

幕閣がこの体たらくになると、その下の小栗上野介に代表されるような戦備増強派の中堅が下克上で台頭します。これらの吏僚たちは、幕府の武備を洋式化して強化し、西国の外様諸藩の武力に対抗して幕府権威の回復を図ろうとし、そのための改革に邁進してとなります。

前記の外様の前藩主などは、いずれも幕府や朝廷に対して、攘夷の国策への強力な提案者として登場しています。これという武力も具体的国策を持たない公卿たちは、これらの諸公の識見と才覚に期待して右往左往します。

諸公たちはのちに賢侯と呼ばれて朝廷の顧問格に擬せられ、大方の期待を集めた時期もありました。これだけ多くの賢侯を集めたら、何か有益で有効な具体策が得られると期待されたのですが、会議は空転してこれという成果はありませんでした。

ある史家は、尾張の慶勝公はこの賢侯の中にも入れてもらえなかったと嘆いていますが、いずれも攘夷を主張して競うだけの立場で、甲論乙駁に走る賢侯たちを集めてみても、大方が目指す妥協点がなく、会議は意見表明と栄誉の見せ場で終わりました。周旋を身上とする慶勝公には、こうした名誉欲の発露のような行動は元々が不必要なものであり、賢侯たちの上を行くような意見表明などは、周旋を志す者としてはもとより慎むべきで、無縁無用の話でした。

慶勝公は側近の田宮ともども、早くから幕政改革は無理と見る幕臣大久保忠寛の先見と、同じ見解を抱いていました。しかし、同時にその卓見のために、大久保が幕府内でほとんど蚊帳の外に置かれ、孤立している状態を看取しています。慶勝公も田宮も、大久保との親密な交際を必要とする立場も理由もなく、時折、もっぱら間接的に精度の高い予見に関し意志疎通を求めるだけの関係に終始し、最後の江戸明け渡しの幕での切り札として、互いの存在をマークしていたと思われます。

尾張の慶勝公は、徳川一門の中で終始、賢侯と目された越前の松平春嶽公の盛名と競うことなく、英明と評判の一橋慶喜に対しても、幼少の慶福《よしとみ》公よりも適任ということで将軍に推した時期があったものの、その後はほとんど深く交わることなく、一定の距離を置いていました。用心深い慶勝公も田宮も、自らは孤高に立ちながら、賢者の評判を立てられることを努めて避けました。時に平凡無益な見解を書簡にするだけで、丹念な情報の収集と解析に務め、その才覚を隠します。老子に「善く行くものは轍迹《てっせき》（車輪の跡）なし」「知るものは言わず」という言葉がありますが、周旋者として黒子の役割を貫きました。

三、正念場の周旋を迎えた征長総督、慶勝公

さて、話を前記の節刀に戻しますと、慶勝公は総督就任の条件として、すべてを一任して欲しいと幕閣に申し出ました。容易に総督就任を引き受けない慶勝公に対し、幕閣は何事も総督に万事一任とはならないのを承知のうえで、就任させるのが先決として将軍家茂のお墨付きで応じました。

慶勝公も田宮如雲も、元々が無定見な幕閣が、場当たり的な証文を出す事例を見聞しており、この万事一任のお墨付きも、そのとき限りの苦し紛れの証文として信用していませんでした。長州など大軍を催して攻めれば苦もなく潰せるという頭で、それが藩を挙げての抵抗で長陣となり、財政逼迫で怪しくなったときのことなど、幕閣は考えていません。何しろ思慮が浅いのだからと慶勝公は案じています。

幕府によって任命された征長総督が、幕閣の思慮不足を案じてその証文を信用していないのですから、尾張大納言として朝廷から節刀を受けることは、有り難い布石だとなります。ゆくゆくは総督としての仕置きについて、幕府の干渉から身をかわすためにも、この節刀の行事は有用な盾になるわけです。

幕府と違い朝廷の公卿の中には、一時は国是の攘夷に忠実で、その思いが行き過ぎて禁門の変を招いたことから、長州藩に対しては同情する者が少なくありません。取り潰しというような乱暴な仕置きではなく、謝罪恭順となれば寛典でという考えの者も少なくなかったわけですから、慶勝公は田宮等に朝廷の要人との接触を図らせ、その辺の調整を済ませていたと思われます。禁裡守衛総督の一橋慶喜公や小栗上野介ような強硬論とは裏腹に、征伐と言っても本音では厳罰論に同調する人士ばかりではありませんでした。

朝廷の公卿たちは、長州藩を潰さなくてはその威厳にかかわる、という突き詰めた考えはなかったと思います。ところが、その勢威が衰えるばかりの幕閣にとって、長州征討はまたとない勢威回復の好機でした。

しかし、戦闘に入らなくても出兵するだけでも大変なことで、ましてや出兵諸藩の数を増やして、数十万となる大軍の動員となれば、長陣は禁物の最たるもので、事が長引けば腰砕けになりかねません。京都の街を焼かれて怒り心頭の朝廷の立場も考えれば、一応は出兵をして構えを見せるのは必要ですが、長州に攻め込むことなく、謝罪恭順で収めるのが慶勝公にとっては最善の上策でした。

尾張の慶勝公の腹積もりは、最初からその線でした。中国地方の諸藩にとっては近くの長州を攻める戦は嫌な話で、出兵に応じたものの終始消極的な姿勢で、戦意が疑問視されました。お目出度い幕閣の強硬派は、出兵諸藩の陣触れが済むと、大軍の動員成功に舞い上がります。

こうした様々な思惑が交錯する中で、慶勝公の上策の成否は、長州征討の出兵諸藩の強硬派をどう説得するかが要でした。禁裡守衛総督の慶喜公と会津の容保《かたもり》公は京都の守護で出兵の対象にならないので、問題は最も威勢のよい強硬な薩摩藩とその実力者西郷隆盛の動向が鍵でした。

慶勝公は征長軍の参謀にまず西郷を起用し、同時に長州に攻め込むことなく謝罪させ、寛大な措置で事を収めて撤兵する方策が、時節柄、最も適切だとする工作を開始します。尾張藩の儒者兼役人の若井鍬吉をして、戦わずして事を収めることが得策であることを、儒者の立場から説得にかかります。硬軟両派を抱えた長州藩の全部を敵に回して攻め込むのは下策であるとし、長州藩自ら責任者を処断して、謝罪を申し出るように仕向けることが肝心だと、西郷を真っ正面から説得します。

柔軟な思考の西郷はそれまで持論としていた強硬論を翻し、以降、尾張藩が既に開始していた裏工作に続き、毛利家を宗家とする岩国藩に対し、謝罪と恭順を促す交渉に西郷自らも参加してとなります。

僧侶を介しての尾張藩と岩国藩との交渉は総督引き受け後、直ちに進められ、長州藩もまた裏面と正面からの謝罪と恭順の呼びかけに応じました。総督

の慶勝公が尾張藩の兵力を率いて広島に着陣すると同時に、長州藩から謝罪の使者が禁門の変の責任者、家老三名の首を持参しました。こうなると、長州に攻め込むことは不必要なことで、あとは適当な停戦条件を付加して協議をまとめ、その実行を見届けて撤兵となるわけです。

この停戦条件をめぐり、幕府から派遣された大目付の永井尚志は藩主親子を罪人として引き渡し、萩を開城せよと迫りました。岩国藩主の吉川公はそれなら全藩あげて抵抗するほかないと応じ、西郷等が中に入り、長州藩の面目も維持してとの妥協が図られました。

尾張公には戦意がなく、薩摩の芋焼酎大島（西郷を指す）に酔いという観測が広く流布される有様でした。功名心旺盛でなくとも、この観測は横から手柄を全部取られた上に嘲笑揶揄されるものでした。

ところが、尾張の慶勝公と田宮如雲は、結果さえ同じならば、今後のためにも薩摩の手柄にした方が良いと考えました。事はこれだけで終わらない。先に二幕目も三幕目もあり、もっと大きな周旋が控えている。となれば、つまりは黒子の役に徹するという周旋の立場では、それが願ったり叶ったりで、却って大成功だと考えられたわけです。

近年、長州藩に対する寛典の方針は慶勝公とその従兄弟である関白の二条斉敬《なりゆき》が示し合わせたことをうかがわせる鳥取藩士の書簡が明らかになりました。これは寛典の方針が西郷の発案によるもので、慶勝公はそれに従っただけとする従来の通説を覆す有力な根拠となっています。

　こうした慶勝公の方針にもかかわらず幕閣は出兵が整った段階で、早々と服罪降伏してきた長州藩に対して寛大な措置どころか、嵩に掛かって厳罰をとなります。そんなことをしたら、長州征討は本格的な内戦となり、いくら大軍を催しても長陣になる虞があり、それこそ百害あって一利なしとなりかねません。

　こうした大所高所から戦争を捉えた幕末の政治家と官僚は、ほとんどいませんでした。特に、のちに倒幕派となる西国諸藩は一にも二にも、当面する政局と戦闘に勝つことが最大関心事で、攘夷が持つ危険なつけとか、内戦がもたらす国の疲弊とか、戦勝した諸藩は増強した軍備をどう解消するのかなど、のちに戦争のつけが引き起こす様々な弊害などは、腰抜けの理屈としてほとんどが視野の外にあったわけです。
　あの太平洋戦争を通じての提督たちの回想の中で、ある若い海軍提督は「戦争というものを深く考える人がいなかった」と指摘しています。幕末も同じです。

勇ましい諸藩主、勝ち気な公卿と諸藩士の多くは、目前の障害を力ずくで突破する願望に幻惑され、その先を見据える余裕も思慮もありませんでした。あのとき、戦争が持つデメリットを考え、幕府の解消も早くからやむなしと考えた人物は、幕府の旗本大久保忠寛、先見を同じくした尾張の慶勝公と側近の田宮弥太郎（如雲）くらいのものでした。

「青松葉事件之遺跡」碑
（名古屋城内）

大久保忠寛は、のちに徳川宗家を継ぐことになる田安亀之助を擁して勝海舟とともに江戸城明け渡しの主役を勤めます。尾張の慶勝公と田宮如雲は、国元で倒幕に異を唱えると目された藩の兵馬の権を握る重臣等をクーデターで一掃し、藩論を一夜にして確定します。世に言う青松葉事件です。

その余勢を駆って、江戸までの諸公、代官、寺社等数百名から恭順と官軍への協力を誓約する請け書を取り付けます。江戸までの道筋で官軍に刃向かう戦闘は、これで根底から防ぐことができました。

次は、先に焼け野原となった京都に続いて江戸を戦火で焼くようなことを、何としても防ぐことが、新政府としても最大の政治的勝利となるはずでした。ところが、大総督府の参謀となった西郷隆盛以外は、江戸城総攻撃が最大の目標だと考える野心家が多く、その結果、江戸の街を焼くことになっても、頓着しないという猛者が常識派だったようです。

当時、尾張藩のように儒者や漢学者の多い地方都市はほとんどなく、そうした環境で武術第一で育った藩士たちには、すべてが力ずくでした。後年、福沢諭吉は西南の役での西郷隆盛の悲劇を見て、彼には学問がなかったからあのような末路を迎えた、と評しています。

武力に頼る者たちは妥協を知らず、周旋の効用などほとんど理解できなかったわけで、自らを滅ぼす途をたどるわけです。古来、武人を重用するのは節度を要するとした教訓は、そこにあります。

第三章　先の先を読む慶勝公の深慮

一、名声求めない尾張名古屋の気風

慶勝公が手足として起用した尾張藩士の面々は、端的に言えば狷介《けんかい》な類の人物がほとんどでした。尾張藩と言えば、まあ今の府県の役所みたいなものですが、その日常業務からはみ出した人物たちが、これも風変わりな田宮如雲の下に集められました。組織の日々の業務、同輩たちとの折れ合いに馴染めなかった面々は、田宮如雲の下で藩政とは無縁の刺激が強い新任務に、それこそ使命感を持って尽瘁《じんすい》しました。

特別な任務に起用されたからと言っても、田宮如雲をはじめ一同はそれほどの加増もなく、職務に必要な経費や費用もそれほど潤沢ではなかったはずです。慶勝公はかって藩主のとき、藩財政の窮迫を知り、それまでの藩主がお手元金として年間二万両も使っていた予算を、わずか年二十両でよいと改められました。

その思い切りの良さは周囲を驚かせました。田宮に対する処遇と加増の低さは、その後にあのような身分の卑しい者に大事を任せてとなり、青松葉事件の犠牲者の遺族からの恨み言になります。

慶勝公も田宮如雲も質素な性格でしたが、何事によらず経費を削ってというのではなく、公卿や諸藩の要人との付き合いには、相応の費用は惜しみませんでした。諸国の動きと事情は、全国向けに交易と運送を展開していた尾張の業者や、尾張出身者が多い各地の僧侶などを通じて、情報の収集と分析に努めました。

その結果、西国諸藩、京都、江戸などの諸情勢の的確な流れをつかみ、次の情勢の展開をあれこれと思索推測して、対応策の検討に余念がありませんでした。慶勝公と田宮の情報源は、名のある要人や訳知り顔の人士がメインではなかったわけです。

また、外様の藩主たちと違い、尾張の藩主というのは歴代天下りの藩主も多く、地縁血縁に総じて薄い存在でした。徳川一門の御三卿のように、尾張藩にも

高須松平の兄弟たち　右から慶勝、茂徳（玄同）、容保、定敬（『尾張敬公』より）

藩主の血統が絶えた時に備えて、支藩高須三万石が置かれていました。禄高は低いのですが、高須藩は尾張四谷家と呼ばれ、江戸四谷に邸を持ち、地方大名とは違う存在で、その子弟は尾張藩主の要員確保だけでなく、親藩諸藩の養子縁組みが多い家柄でした。

幕末の高須家の兄弟は次男と五男が尾張藩主、三男が浜田藩主、六男が会津藩主、七男が桑名藩主というもので、相応の英才教育を受けたと思われます。「どんな教育を施したら、あのような兄弟ができるのか」と、感心する識者がいましたが、まったくその通りで史上希な家柄でした。

尾張の慶勝公は、江戸の四谷での暮らしも長く、水戸斉昭などとも幼時から親しかったようですが、慎み深い質素な育ちは、四書五経をはじめとする和漢の教養に支えられたものでした。尾張名古屋には江戸と違い、無闇に名声を求めない落ち着いた学者が多く、和漢にしても洋学についても、東西に引けを取らない学者がいました。これらの学者は、総じて派手なところがなく、志操の高い人たちで、質素で堅実な土地柄と気風を形成する点で、さながら優れたプロデューサーでした。

二、幕末に家康の心配が現実となる危機

名古屋の俗謡の歌い出しに、「伊勢は津でもつ、津は伊勢でもつ、尾張名古屋は城でもつ」

という一節があります。名古屋という土地の歴史上の性格を言い得て妙というか、その通りだと思います。

伊勢は津＝港＝海上交易の土地だとすれば、名古屋はさしずめ、城＝軍隊、それも江戸幕府の政権を守る軍事上の拠点の土地で、主要な街道との関係でも、引き込み線の先の軍都でした。江戸時代を通じて、三府とは京都、大坂、江戸となり、名古屋はその仲間に入れませんでした。

つまり、東海道は熱田の宿から海上七里で桑名に出て、名古屋はパス。中山道は名古屋をはずれ、尾張藩（六十二万石）の城代家老成瀬家の犬山藩の城の北、木曾川を隔てた鵜沼の宿から木曽谷と関ケ原の方向へと走ります。名古屋はいずれの街道からもはずれていました。

それはいざというときに、江戸への二つの街道をどちらも抑えるための軍事上の拠点＝要塞都市だったからです。明治以後は、広い名古屋城内に陸軍の鎮台（後の第三師団）が置かれ、もっぱら軍都としての存在が先立つ街になりました。

最近まで、よく名古屋は文化面が遅れていると言われてきました。日本第三の大都市にまで発展しても、二十世紀の後半になっても「文化不毛の地」とか「大いなる田舎」などと、マスコミや他都市からの批評が絶えませんでした。しかし、名古屋の歴史をたどっていただけば、かなり見当外れの批判だとお分かりいただけると思います。最近は景気に関係なく昼も夜も「今、名古屋が一番元気だ」と言われるような街に変貌しています。

ところで、名古屋の開府は徳川家康の江戸入りから十七年後のことです。慶長十二年（一六〇七）家康の九男義直が甲府から尾張へ転封となり、広大な城づくりで始まりました。関ヶ原の役で慶長五年（一六〇〇）天下の覇権を握った家康は、将軍職を秀忠に譲ると駿府に移り、大御所として、江戸の将軍を指図する二元政治を展開しました。江戸城と江戸の市街地づくりの大普請に諸大名を動員しました。

家康は関ヶ原の役で東軍に加わった尾張清須二十四万石の福島正則を安芸広島四十九万八千石に転封させ、その後に四男忠吉を五十二万石で尾張清須に入れました。

このときの一連の大名の転封先を見ると、石田三成の近江佐和山に譜代の筆頭井伊直政を入れ、伊勢桑名に本田忠勝、越前に家康の次男結城秀康を配し、いずれも大坂の豊臣家に対する備えとして、尾張藩を中心に親藩と譜代を置いています。関ヶ原で勝ち、天下の覇権を握ったと言っても、西国諸藩と豊臣家に対する徳川一門の防御ラインは、尾張を軸にして近江・越前と伊勢にこのときにやっと形成された観があります。

ところが、尾張に入封して五年半後、松平忠吉は世嗣がないままに早逝したため改易となります。家康の九男義直は清須ではなくて、名古屋に新しく城を築いて、尾張へ入封することになりました。そこで、江戸城の普請から西国の諸大名を外して、東国の外様大名に江戸を担当させ、名古屋城の築城には西国諸藩から前田利常以下二十の大名が動員されました。まだ大坂に豊臣秀頼がいたころでしたから、名古屋城の規模は江戸城の敷地面積とほぼ同じくらいにする馬鹿でかい城が築かれることになりました。

平時にはなんとも不釣り合いで大きな城は、普段の維持費だけでも大変です。それに配慮したものか、木曽の山林が尾張藩に付属されました。この山林のお陰で、尾張藩は幕末まで他藩がうらやむ余裕財源を持つことができました。後に財政が逼迫した幕府は、この木曽山林を幕府の直轄にしたいと考えたようですが、尾張藩の巧みな回避で実現しませんでした。

尾張は関西と関東との中間、ひいては日本の真ん中にあります。戦国時代には信長・秀吉を出した地であり、古くは継体天皇を支援して歴史の流れを変えましたし、壬申の乱や承久の乱でも尾張の動向が勝敗のカギとなりました。歴史の節目、節目で大きな役割を果たしています。

慶勝公が弟である会津の容保《かたもり》公や桑名の定敬《さだあき》公と意を一つにして幕府側に加担していたとしたら、御三家筆頭の立場から他藩も雪崩を打ったようにこれに従っていたかもしれません。そうなれば内戦の可能性も高まってきますが、無論、それをするような軽率な人物ではありませんでした。そんな行動に出れば国が滅びる危険性すらあったのです。

三、慶勝公の心中と次代への布石

尾張名古屋の気風はよく言えば談合で何とかうまく収めてというもので、世の中の大改革に必要な局面でも、腕力や武力に頼るにはなじめないものがありました。御三家の水戸藩や西国の薩摩・長州・土佐の諸藩のように、過激な攘夷にも走りませんでした。

慶勝公が安政の大獄の前から近衛家を介して朝廷に取り入ったのも、武力による外国との戦争を仕掛けるのは得策でないと考えたからです。世事にうとい公卿たちに、祖法(代々伝えられてきた掟)に従い開国を拒み、攘夷という議論を吹き込み、朝廷から幕府に攘夷を実行するように迫る西国諸藩の策動は、何とも困ったものだと考えていたようです。

また、親しい血縁の水戸斉昭公を抑えるためにも、公卿衆の間に戦争回避を説いたと思われます。この慶勝公の朝廷への接近は幕府有司の間では極めて不評で、岩瀬忠震《ただなり》は越前春嶽公の使者に対して、将軍の後釜をねらう獅子身中の虫で、なるべく早く藩主の座から追放しなければ、と意見を述べています。

慶勝公は次期将軍への野心などはなく、見当違いも甚だしい見解です。横浜開港を実現した逸材岩瀬にしてもその程度の判断で、幕府の条約締結を認めようとしない朝廷に取り入った慶勝公の意図をとらえそこなっています。

安政の大獄で藩主の座を追われた慶勝公の行動は早くから将来の朝幕間の周旋役を目指し、藩内や岩瀬等の幕府有司を韜晦《とうかい》した動きに成功しています。尾張名古屋の気風では開国で幕府に反対した格好の慶勝公に対して怪訝な受け止め方をし、幕閣に反対した藩主の隠居は仕方がないとも受け止めていたようです。

尾張藩では田宮等は別として、一般の藩士たちが他藩と交わることを禁止していましたが、藩内の大方は幕府の意向に沿う禁令として異議は持たなかったようです。進取の気性に乏しい土地柄と言えばそれまでですが、御三家筆頭としての慶勝公と田宮らは深刻な藩内と国内諸藩の対立から内戦を心配し、攘夷派の台頭で対外戦争の回避を念頭に置いていたはずです。

この間、最後の将軍に一橋慶喜が就任、空き家になった中納言一橋家に、前尾張藩主で大納言だった玄同公（徳川茂徳）が入ります。格式にこだわらない闊達な玄同公ならではの選択でした。国と宗家が危局にあるとき、一身の毀誉褒貶などは無用とする無私無欲の心事を公然と見せつける行為で、幕府の前途を暗示するかのような意図もうかがえます。

隠居した玄同公はなぜ一橋家に入ったのか。そこには将来の宗家を継ぐのは幼い田安亀之助と見て、その庇護を自ら密かに任じるところがあったと思われます。また前年、一橋慶喜が宗家を継いだため、自分はその気はないと宣言するかのように、玄同という隠居名はそのままでした。

この玄同とは自分の才覚や働きを努めて秘匿し、目立たない生き方をすることを指します。『老子』の五十六章「知者不言、言者不知」—知るものは言わず、言うものは知らずに続き、「是謂玄同」—これを玄同と言うと定義されています。この玄同公の生き方は慶勝公以下側近の田宮、中村等に共通するもので、ひいては尾張藩士の気風の根幹を形成していると永井久隆氏は指摘しています。

幼い尾張藩主義宜《よしのり》を養親として後見してきた玄同公の転出で、実父の慶勝公は国事の周旋だけでなく、藩政にも身を入れなくてはとなります。玄同公は佐幕派と目される藩の幹部たちと親しく、基本的に佐幕派に馴染みの薄い慶勝公とは、その感触に相当の隔たりがうかがわれます。慶勝公はここで否応なく藩政の大きな舵取りを、徐々に切り替える必要に自ら向き合う段階になります。

しかし、当面大きな人事異動などは見送り、朝廷と幕府の両者に対する忠誠を藩士たちに呼びかけました。尾張藩全体が朝廷側に立つことを鮮明にするのは、徳川一門と譜代諸公に対する影響力を保持する上で時期尚早と判断されたようです。

話が前後しますが、征長総督としての長州藩への寛大な措置は、一橋慶喜を中心とする対長州藩厳罰主義者によって覆され、側近の田宮如雲は蟄居謹慎となり、国事の周旋はしばらく開店休業となります。藩主の実父とはいえ慶勝公の立場は、それほど強固なものではありませんでした。

ところが、尾張藩は先に広島まで大兵力を進出させ、その費用の赤字に加え不作の追い打ちで、藩の財政はドカ貧状態になります。慶勝公は嫌でも財政改革、大きなリストラを断行せざるを得ない局面を迎えました。

慶勝公は長州出兵に際して、戦費調達と財政の遣り繰りの難問に、隠居した水野惣右衛門を起用するなど、玄同公、田宮如雲の意見も聞いたのでしょうが、異色の人事を行いました。さすがは大藩で、尾張藩は多士済々で知られない功労者に事欠きません。

さて、財政改革とリストラは、どうしても大きな人事異動を伴います。慶勝公は長州征討で大変な失費となり、加えて不作が追い打ちしたと前置きし、大番組等の武官には手を付けず、文官に相当する役人に当たる藩士の大リストラを実行しました。

その際、次の大政奉還の局面を想定されたのか、藩士全員から誓約書を提出させています。朝廷と幕府に対して藩屏の誠を尽くせという事項に始まり、ごますり厳禁のような条項まで、軽重混在のいささかユニークな誓約を求めています。

例によって、慶勝公の御触れには、大きな変革の到来を予測させる一面を織り込みながら、それを打ち消すような余計な条項を並べて順不問で持ち出し、慶勝公自身の幕府不要の本音を悟られないようにと、言わば韜晦《とうかい》の工夫が意図的に加えられています。このときの改革も、玄同公が起用した兵馬の権を握る重臣をはじめ幕府寄りの武官の配置はそのまとし、財政窮迫を理由に幕府との窓口に当たる江戸や大坂の事務所などは閉鎖する措置をとります。

これはのちに起きるクーデター青松葉事件の言わば伏線となるような誓約書でした。幕府がなくなったとき藩士の忠誠の対象は朝廷しかないこと、上に取り入ることで出世を図るのは厳禁という訓辞と禁令は、藩内の佐幕派に対する警告のようなもので、幕府内での人事停滞の悪弊の原因となる役職を金とごますりで入手する慣行を意識したものです。暗に幕府という組織に未来がないと示唆しているかのようです。

元藩主で幼君の実父に当たる慶勝公の存在は、親幕派に向けてある牽制のサインを出しながら、国事の周旋に当たるわずかな部下たちのほか、藩内の各組織に自分の支持者を増やそうというような行動はしませんでした。強いて言えば、水主《かこ》奉行として尾張藩の水軍を掌握し、征長の役で借用した幕府の蒸気船を指揮した千賀信立に対して、水軍だけでなく陸戦も研究するようにと特命しています。これもまた、のちのクーデター後を睨んだ伏線の一つで、警戒されないように水主《かこ》奉行に特命してとなりました。

のちに千賀信立は北越に派遣される尾張藩の部隊を率い官軍に参加、戊辰戦争の中で尾張藩として戦死者十八名を出しました。帰還する部隊を慶勝公自ら鳴海の宿に出迎え、信立に乗馬と佩刀《はいとう》を贈りねぎらったと伝えられます。

第四章　戦い勃発、土壇場での慶勝公の決断

一、長州再征に反対された尾張の慶勝公

一旦は幕府へ恭順を示した長州藩でしたが、間もなく藩内派閥である正義派が藩政を奪取し、武装恭順を唱えて不穏な空気が流れるようになり、幕府は再び長州征討に乗り出すことになります。慶応元年九月には長州再征の勅許が出されました。

尾張の慶勝公は長州再征を無用の戦とする立場で反対されたのですが、若い中堅有司と一橋慶喜の野心に押し切られた幕閣と朝廷の要人たちは、長州再征は楽勝だと考えたようです。慶勝公は上洛する将軍家茂が名古屋城に立ち寄った際に、自ら長州再征の非を指摘して諫言されました。

慶勝は「国の大事、宗家の大事というので一身を省みず、敢えて申し上げるのだから」と言い、「お咎めは安政のときのように、いかようにも」といなします。それにもかかわらず慶勝の諫言を抑えようとした老中本荘宗秀（丹後宮津藩主）に対して、慶勝は語気荒く「将軍補佐役に対し何を言うか、控えよ」と一喝して退けたというのですから、この諫言はとにかく一言あってというものではなく、真剣なものであったと思われます。生真面目で好人物の将軍家茂は、慶勝公の諫言を聞くだけに終わり、同意はしませんでした。

しかし、不安を覚えたのか、隠居していた大久保忠寛を江戸から大坂城へ呼び寄せ、長州再征について意見を求めています。その直言が災いして、何度もその職を追われた忠寛

でしたが、家茂はその率直さを信用して、無役となったのちも江戸城に忠寛を呼び、人を退けて二人だけで話を楽しんだようです。孤独な将軍は、何事にも正直で無欲な忠寛との語らいに、息抜きを覚えたようです。

さて、諫言も効果なしと見定めた慶勝公は、実弟玄同公を長州再征の殿軍《しんがりぐん》の総督として、大坂に出陣させ、家茂の側にあって話相手を勤めさせます。こののち禁裡守衛総督の一橋慶喜にないがしろにされた将軍家茂が、辞表を提出したとき、玄同公は攘夷が無理だとする奏聞書を認め、将軍に代わって開国の必要性を関白に説きました。

将軍の辞表と引き替えにした国是変更の上申により、朝廷の公卿たちは大いにうろたえ、長い朝議が開かれました。開国に反対の孝明天皇も折れて、祖法（代々伝えられてきた掟）の国是攘夷は開国に変更されます。変わり身の早い一橋慶喜公は、この朝議では将軍の辞表を撤回させるため、攘夷の無理な状況について熱弁を振るったようです。

井伊大老の命を奪い、生麦事件、薩英戦争、禁門の変、馬関戦争、長州征討、英公使パークス等の兵庫開港の強要等を招いた攘夷の祖法は、将軍家茂の辞表騒ぎを背景に長い朝議を経て改定され、開国に切り替えられました。かつて玄同公が味わった無念の思いは、現状での攘夷は不可能で、開国やむなしというものでした。

慶勝公も田宮如雲も、攘夷では無理だと考えていたことは、大久保忠寛と同じでした。

『絵本徳川十五代記』より（当店蔵）

違う点は、大きな周旋を志す者として、簡単に自分を立場が対立する一方に移せないという点でした。朝廷が開国に舵を切ると、攘夷を主導した西国諸藩は、倒幕に旗印を切り替えます。もっとも、薩英戦争、馬関戦争の手痛い敗北で、薩摩・長州の両藩は攘夷をすでに実現不能と諦め、その面目回復には攘夷に替わる新しい旗印、討幕が必要でした。

その後、長州再征での完敗を受け、病気の将軍に代わり一橋慶喜公が長州征討に出陣すると豪語して節刀を受けたこと、いざ出陣となると豹変して沙汰止みとなったこと、将軍家茂の大坂城内での陣没、朝廷からの停戦命令、最後の将軍慶喜公の就任までの駆け引き、孝明天皇の急な崩御と、事態は目ぐるましく変化しました。

最後の将軍慶喜と幕閣は部内外の信用も築けず、他方では最大の支持者孝明天皇を失いました。西国諸藩が密勅を得て倒幕を開始すると知り、慶喜公は在京諸藩の重臣を集め同意を取り付け、将軍職の辞任、大政奉還を申し出ました。これで武力倒幕の企ては一時頓挫しますが、幕府に代わる新政権の樹立を巡り、朝廷は有力諸大名の意見を聴取、協力を求めるため上洛を命じました。

慶勝公には、将軍慶喜公から辞職の意向を事前に文書で知らされました。前後して朝廷からの上洛の指令も届きます。大納言慶勝公は早速上洛しますが、同時に朝廷に対して、大政奉還に至ったのは自らの補佐が足りなかったとして、大納言を免職して欲しいこと、上洛しても服罪謹慎することを申し出ます。この朝廷への上書の内容と趣旨を、越前の春嶽公（松平慶永）に伝え、謹慎の間は春嶽公に代わりを頼むと、藩士の林左門、青山朗（のち名古屋市長）が急遽、越前に派遣されました。

上洛に当たって慶勝公は、腹心の田宮如雲以下の一党とわずかな志願者（願いお供）を連れただけでした。国元の幼君義宜公の周辺には、連れ出されることがないように忠実で細心な用人を配置し、重臣としては家老の間宮外記と志水甲斐守忠平（万石、二代目名古屋市長）等に、親幕派の動きを抑えるように配意しましたが、さりげなくこれという目立った人事はしませんでした。

二、小御所会議から二条城受け取り、鳥羽・伏見の戦いへ

慶勝公の大納言職の辞表は間もなく却下され、引き続き勤王に努めるようにと沙汰されます。このとき、慶勝公は朝廷の信任を確認しておかないと、最後の周旋となる一連の行動の足場がないと考えられたようです。

何しろ、高須の四兄弟に深い信任と厚意を示された孝明天皇はすでになく、長年懇意にしてきた摂関家筆頭の近衛家は往年の精彩を失っていました。着京後に朝廷から慰留を受けるまでの間、慶勝公は越前の春嶽公に自分に代わって前将軍慶喜公の擁護を依頼しまし

た。その間、自分の手足となる藩士たちを通じ、情報の収集と分析に余念がなかったと思われます。

好人物の春嶽公は土佐の山内容堂公等とともに、新政府には前将軍の参加が必要だと唱えはじめます。朝廷の公卿たちの間では、最上層の五摂家の存在感が薄れ、中堅の岩倉具視が薩摩藩の大久保と結び、五摂家に代わる中心人物と目される成り行きでした。

慶勝公の服罪謹慎は、こうした一連の動きから距離を置くためにも、一時的な賢い雲隠れでした。ようやく洛中への居住を許された岩倉卿は、早速、顔見知りの尾張藩士林左門を呼び、尾張藩が勤王の立場を明らかにして、諸藩に対して勤王を勧誘するようにと切り出します。

直前に、慶勝公の使者として越前の春嶽公の下に出向いた林左門は、尾張公の立場は越前の春嶽公と同じで、勤王であるとし、岩倉卿の慫慂《しょうよう》に対して、越前藩と同調してという無難な受け答えに終わります。岩倉卿は還俗復職前から薩摩藩士や尾張藩士と頻繁に接触、次期政権構想を探ることになります。

新政権構想の中核的な課題は、旧来の五摂家を含む公卿社会をどのように改革するのか、将軍職を返上した幕府の領地は何百万石かを削減することが避けられないこと、徳川宗家は江戸とはならないかもしれないこと、新政権に徳川宗家が最大の大名として参加できるとしたらその条件と格式はどうなるのか、条件が厳しければ幕府側が反発して内戦に発展する公算が大きいこと、力で押し切ろうとする岩倉卿と薩摩藩は、公卿と諸藩をどこまで掌握できるのか、赦免が予定された長州藩の兵力をいつ入京させるか等々でした。

ここで目立たないことですが、御三家である尾張の慶勝公の動向が、武力を背景にしない奇妙な存在感をもって意識される段階になります。それは公卿たちに親しみやすい存在ともなり、親藩譜代の非力な多数派にも支持されるものとなります。

小御所《こごしょ》会議に議定となった慶勝公に次いで、尾張藩が参与に推挙した人物たちは、諸藩の参与たちに比べ小粒と見られたのですが、藩内からも何とも若くて軽い存在の顔ぶれとみられたようです。田宮以下の国事周旋の役目に当たる面々は、藩外での活躍と知名度はともかく、藩内では要人と思われる顔ぶれではなく、クーデターでもない限り、藩の要人の実権を掌握するには程遠い存在でした。

小御所会議は、新政府の設立発起人会議のようなものでした。その席で以上の問題点は明らかになるのですが、尾張藩としてはその前に立場を鮮明にするのは得策でない。どのような結論になっても、誰もが満足できる線はない。と言って、良くも悪くも決められなくては、新政府は先に踏み出せません。

こう考えると、薩摩の西郷・大久保と岩倉卿が進める方策を、ここは支持するほかないが、これもまたあからさまに支持するのではなく、会議に出ても異を唱えることなく過ごすという消極的な態度をとることが、後日に幕府を説得するためにも必要だと、慶勝公と田宮は考えたと思われます。

会議に先立ち、慶勝公は薩摩の兵力だけでは不足と考え、山崎辺で足踏みしている長州藩兵の入京を廟議に提案して、実現しました。岩倉卿も薩摩も言い出しかねていた重要な案件は、元征長総督の慶勝公の口出しで、ぎりぎりのタイミングで間に合いました。

小御所会議は五摂家をはじめ親幕派の皇族と公卿を締め出し、勤王派の諸藩で御門を固めたクーデターでした。幕府擁護を唱えた土佐の容堂公は、幼い天皇を擁して勝手なことをすると発言し、それは不敬であるとされ、半ば力づくで威嚇され会議を退席。越前の春嶽公は前将軍の排除が不得策だと力説しましたが、前将軍慶喜の辞官納地が決定されます。徳川宗家から残る内大臣の官位と領地の返納を求めたもので、この決定を二条城に幕兵とともに立てこもる前将軍に伝える役は、新政府の議定となった尾張の慶勝公と越前の春嶽公にとなります。多数の幕兵たちの間を縫って、慶勝公は使者の役目を果たしました。

そのとき、慶勝公は上書の中身を見せ、領地返上の埋め合わせは、尾張藩がすると前将軍に告げ、勅命に従うようにと説いています。将軍でも藩主でも、その地位と領地に執着すべきものではないと、前将軍に対して思い切りを促しました。しかし、朝命を不当とする幕兵たち、薩摩・長州を敵視する会津・桑名の兵に囲まれ、前将軍は朝廷のご沙汰に従う決断もできず、当面は争わずとする以外に動きがとれませんでした。

そのうち洛内、特に二条城に立てこもる幕兵等に対し、洛外に立ち去らせるようにとなり、慶勝公は春嶽公とともに退去勧告に赴きます。時間稼ぎもあり、前将軍等は二条城から大坂城に退去。以後、慶勝公等は大坂まで前将軍の説得に赴くのですが、この周旋工作は事を急ぐ薩摩藩により、根底から覆されます。

容易に攻めてこない幕兵たちに、西郷隆盛と岩倉具視は焦ります。公卿たちの間では、前将軍からすべてを奪う辞官納地の命令が、一触即発の危険を招いたことで不安が広がります。京畿で大きな戦争が起きたとき、薩摩・長州に倍する兵力の幕府に勝てるかという危惧は強く、戦争回避のため妥協策を言い出す者が多くなります。

当時、長州再征に敗れ大政奉還したと言っても、旧幕府とそれに同調する諸藩の兵力と動向は、依然として大きな存在でした。幕府の実質的な解体となれば、これは大きなクーデターが避けられない局面でした。政権を奉還した最後の将軍慶喜公に、官位も禄も与えないという処置は行き過ぎだとして、旧幕臣の多くと東国諸藩は賛成できないとなります。

前将軍の慶喜公は、将軍職を返上することで幕府を解消しても、挑発に乗ることなく現状を維持できれば、いずれは新政権参加の機会が到来すると期待して、旧幕臣や会津・桑名の両藩の暴発を抑えにかかりました。
一方、兵数は少なくても勝てると確信していた西郷隆盛は幕兵を挑発して戦いを挑ませ、短期決戦を図ります。江戸の薩摩藩邸にゲリラ活動をさせました。強盗犯人たちが毎度薩摩藩邸に逃げ込むのに業を煮やし、庄内藩等は江戸の薩摩藩邸を焼き討ちにし、逃げ遅れた藩士たちを捕らえました。

大政奉還　邨田丹後筆
（明治神宮奉賛会発行記念絵葉書・当店蔵）

この知らせに刺激された幕兵たちは、抑えが利かなくなります。事前に軍議も開くことなく、我先にと上洛入京をとなります。慶応四年一月三日、旧幕府軍は京都に向けて北上します。尾張藩士の林左門等の通報で、旧薩摩・長州の兵は鳥羽・伏見の地で待ち受け、幕府歩兵隊や会津・桑名の藩兵を破りました。

鳥羽・伏見での砲声が聞こえる中で、朝廷では天皇を動座させる計画が持ち上がります。慶勝公等は落ち着いたもので、天皇を御所から洛外に移すことは不可と、藩士を派遣して公卿たちを制止しました。

この間、京都の御所を守る兵力が不足し、尾張藩は大番組一隊を至急上洛させるよう命じられました。尾張藩士たちは少数で、二条城受け取りの時も藩兵が少なく、他藩の手前、とても肩身が狭かったと伝えられます。薩摩の大久保が岩倉卿は思いのほかに小心だと見定めた一幕でした。

鳥羽・伏見の戦いに敗れ海路江戸に戻った慶喜公に、開成所（元蕃書調所、幕府の洋学校、のちの東京大学）教授の柳河春三（尾張出身）は、老中稲葉美濃守正邦（淀藩主、慶勝の義弟）を通じ、幕府の総力を挙げての抗戦を具申しました。しかし、慶喜公は武力による再起を呼び掛ける幕臣や会津藩などを抑えて恭順を貫き、江戸城の明け渡

しに至ります。これで明治新政府による全国統一は、政治と軍事の両面で最大の峠を超すことになります。

三、慶勝公による尾張のクーデター「青松葉事件」

京都の慶勝公から、突然に大番組一隊を至急上洛させろとの命令を受けた国元の尾張藩では、鳥羽・伏見の開戦の知らせの後に着いた慶勝公の指図に、かなり面食らったようです。在京の慶勝公からは、その後も朝幕間の周旋に努力しているという程度の連絡のほか、何の状況説明もなく、周旋の失敗をうかがわせるかのような開戦の知らせが伝えられました。一体、慶勝公は尾張の兵力をどう使うのか、この先、尾張藩はどうなるのか。疑心暗鬼の不安に駆られて、様々な憶測や推測が一気に持ち上がります。

慶勝公が上洛に当たり、本当に大変なときなのだから、とにかく謙遜謹慎しろと言い残されたというのに、その訓戒をよそに城内は大騒ぎになりました。この騒ぎの中から垣間見られたのは、根深い親幕派の期待感だったと思われます。派遣される大番組は決まり、出立準備も整ったのですが、肝心の出立命令が幹部間の議論のために遅れました。大番組に同行して上洛した目付吉田知行の目には、これが藩内の佐幕派の策動による妨害と映じたようです。

問題は吉田知行等の報告の内容がどのように薩摩藩や岩倉具視に伝わったかです。根が親幕の尾張藩が、この先勤王を標榜する元藩主の意のままに、一斉に勤王倒幕に舵を切るとは、誰しも疑問視するところです。まして、これから江戸攻めに官軍が進発するとなれば、尾張藩が藩を挙げて官軍に味方するかどうかは、まさに最大の関心事でした。

鳥羽・伏見の戦いで御三家の紀州藩は、やはり初めは幕府側につきました。岩倉卿の感触では、御三家筆頭の国元名古屋には、慶勝公の言うことを聞かない一派がいることは、まず間違いないというものでした。幼君を擁して幕府側に走ろうという謀反の企てがあるとの噂もありました。

となれば、慶勝公を名古屋に帰国させ制圧に当たらせるほかないとしても、そこは無条件でとは行かないことになります。まず田宮如雲は到着する大番組とともに、京都に残せとなります。次に慶勝公の帰国と入れ替わりに、幼君義宜（元千代）を大番組とともに上洛させることが必須となります。

次は、佐幕派の一掃・誅戮《ちゅうりく》を命じることです。田宮如雲等は先年、朝廷に忠誠を尽くす誓約書を提出させてあるので、その心配はないと主張したと思われます。しかし、岩倉卿の疑念は収まらなかったわけで、賊ではなくて姦徒《かんと》の誅戮を命じられることになりました。

岩倉卿の目には、わずか百名程度の若者を率いるだけの慶勝公が、田宮を京都に残して、帰国すると同時に国元を一挙に掌握するには、クーデターしかないという懸念が強く、「姦徒の誅戮」という言わずもがなの表現で、朝廷としてお墨付きともなる言質を与えたと思われます。

さて、こうした交渉条件の整理に、長々と時間を費やす余地はありませんでした。慶勝公と田宮は触頭《ふれがしら》として美濃、三河、遠江、甲斐、駿河、信濃等の各国の諸藩主と代官に対して、官軍に味方するように通達しろという任務の方が大きなものでした。この触れは官軍の大総督の宮や公卿の名前で令達すべきものでしたが、三世紀余、政道に無縁だった朝廷からの触れでは、効果が疑問視されました。尾張大納言の慶勝公ならば、そこは説明も注釈も不要な重みがありました。

尾張藩が藩を挙げて朝廷に味方することになったという証が、この触れの背景になくては迫力がありません。鳥羽・伏見の戦いは仕方ないとしても、この先江戸までは、戦をせずに終わらせたい。このとき、触れだけでなく誓約の請け書と証人を出させる必要があり、その説得材料にも、藩内の異分子は一掃してという実績が、どうしても欲しいところでした。

多数の使者に触れを持たせて通達するだけでも、すでに先頭が美濃と鈴鹿峠に達した官軍との時間との競争でした。慶勝公の帰国は、際どいタイミングでした。その上、その場

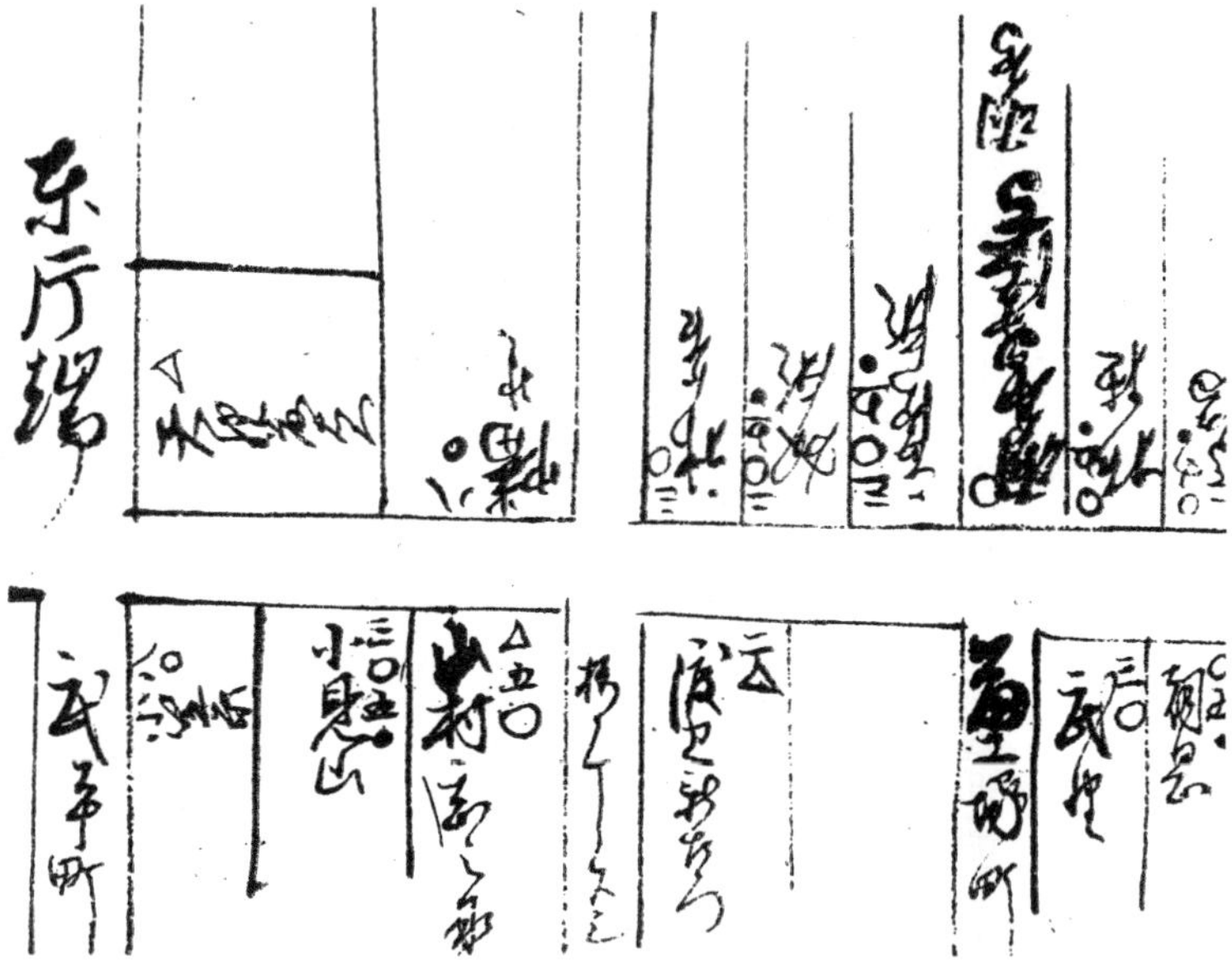

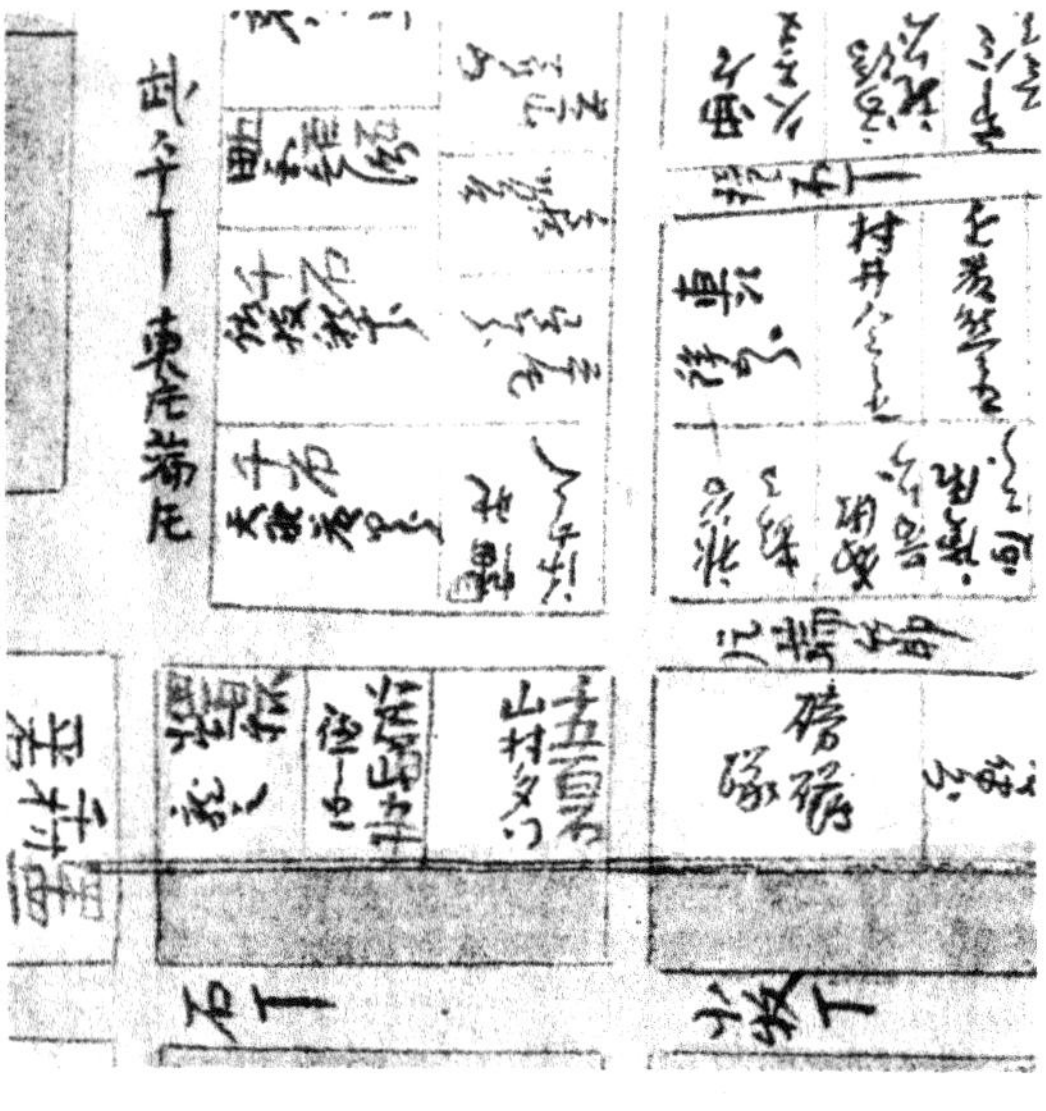

『尾張藩幕末武家屋敷図』（上・嘉永六年当時、当店刊）。下は『名古屋城下図』（慶応四年・明治元年、蓬左文庫蔵・当店刊）で新左衛門の屋敷は「磅礴《ほうばく》隊」となっている。次頁の地図は明治二年の「尾府全図」（『名古屋市史』付録）で「集義隊屯所」などとある。

で誓約書をとり証人を連れて来るとなると、これは藩内から異論を一掃したという成果がないと、即答を迫るのは難しい局面になります。藩論を統一してと言っても、帰国して藩士たちに経緯を説明してなどと、そんな悠長な時間はすでにありません。

第一、この間の経緯の説明だけでもおおごとで、分かり易く平易に説明できるものではありません。経緯の説明を省略して、いきなり武力倒幕を命令すれば、質疑や異論が出るのは避けられません。質疑や異論は許さないで、切り抜けることがどうしても必要な場面でした。供回りわずか百名程度の少数派の慶勝公は、大きなリスクに当面します。

このぎりぎりのタイムリミットの中で、藩論を武力倒幕の線で一夜で確定するとなれば、ク

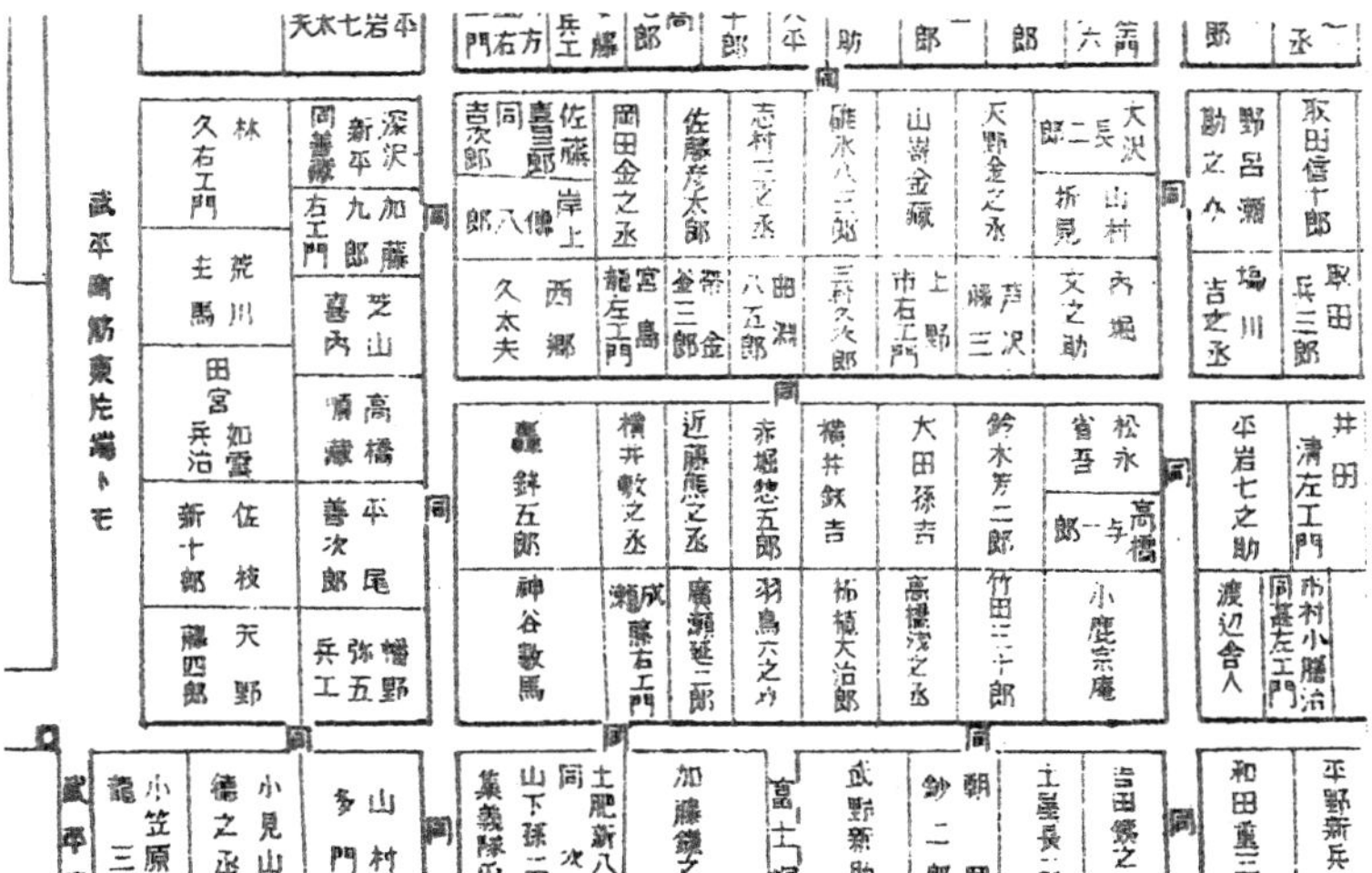

ーデターしかありません。慶勝公は慶応四年一月二十日、名古屋城に帰ると直ちにクーデターを起こしました。

まず、兵馬の権を握る渡辺新左衛門ら重臣三名を直ちに斬り、次いで異を唱える虞のある者たちを蟄居謹慎させ、藩論を一夜で確定させる。その後に慶勝公自らが藩士たちを集めた席で、謀反の首謀者を処分したことを告げ、勤王倒幕の誓約を提出させてとなります。更に相当数の藩士を、旬日余を費やして処刑し、反対論と躊躇を一掃しました。

同時に、慶勝公は諸国の藩主や代官たちに書を送り、勤王に勧誘し、誓詞数百通余を新政府宛てに提出させています。諸国への様々な布告や触れを急ぐために、尾張藩は多数の彫刻師、摺師、紙漉師を招き、藩邸において作業をさせたとの記録が『名古屋印刷史』にあります。

四、京都で、江戸で、次代を見すえた工作

慶勝公と入れ替わりに、上洛する幼君の供回り、大番組の人選と出発準備も同時に進められ、直ちに京都に向かいます。兵卒の急募が進められ、帰還後は士族にするとのことで諸隊の編成と準備が進められます。

官軍に同行する部隊とは別に、駿府城受け取りの部隊が先行して派遣されます。大総督

府本営として受け入れの準備が早々と手配されました。

江戸には情勢を探る密偵たちのほか、江戸尾張藩邸に相当の人数を派遣、最後の若年寄大久保一翁（忠寛）が指揮する幕府の用人組とともに、江戸市内の幕府兵力を城内から市内外縁へ、市内から郊外各地へと移動させるなど、江戸城と市内での様々な戦闘回避の工作を支援してとなりました。江戸城では少数の用人組以外の諸役は、勤仕並《きんしなみ》（自宅待機）とされ、江戸城は急速に空き城同然の格好となります。

もっとも大奥は健在で、元将軍家定と前将軍家茂の正室の未亡人天障院と和宮の二人が暮らしていました。二人は徳川宗家を守るために動きます。特に後者の和宮は徳川宗家に殉じる覚悟を示され、前将軍の助命と宗家の存続を朝廷に働きかけました。

敵地に取り残された和宮の安全は、幕臣大久保一翁に頼むほかないと、岩倉具視は悟ります。実弟の東山道先鋒総督岩倉具定卿が、官軍の江戸入りに先立ち、早々と尾張藩邸に入られたのも、和宮を守るための示威と、江戸城総攻撃の計画を牽制する効果を併せ狙った感があります。

何しろ、薩長の両藩士の中には、何が何でも江戸城を総攻撃して前将軍の首を取れという豪傑もおり、大久保一翁と勝海舟を捕らえて拷問にかけ処刑すべしと主張する者もいました。官軍と言っても内部の統制は容易でない集団で、旧幕臣の処刑にはやる面々も少な

安政6年「分間江戸大絵図」部分（複製・当店蔵）

くありませんでした。

この間、田宮如雲は伏見の警備に当たります。鳥羽・伏見の戦いで幕府側につきながら、参戦の機会がなかった諸藩士たちを尾張藩として預かり、草津辺まで押送して解き放つなど、京畿一帯から無用の流血をせずに残存の武装兵力を一掃します。残党狩りをするより、帰国させることで戦意を弱め、官軍に逆らうことのないようにと努めました。

幸いなことに、薩摩・長州の両藩は、続々と到着する西国諸藩の藩兵の受け入れ、各道別に公卿を総督とする派遣軍の編成、特に江戸攻めを担当する大総督府の部隊の編成に忙しく、幕府側に態勢建て直しの時間を与えないようにとなり、畿内の幕府の残党狩りなどにかまっておられない状態でした。

このとき東征の大総督を務めることになったのが有栖川宮熾仁親王《ありすがわのみやたるひとしんのう》です。かつての婚約者であった和宮との仲を、政略的な公武合体によって引き裂かれていた経緯がありました。急進的な攘夷論者の一人で、後の西南戦争の際には征討総裁を務めています。

それにしても、この時期の田宮の伏見警備は、新政府にとって蓋し政治的に最善の人選でした。田宮には帰国してというどころではありません。

三世紀余前の大坂落城から久方ぶりの戦争で、功名心にはやる浪人などは、好機到来とばかりに公卿の子弟の野心家を担ぎ、官軍先鋒を名乗り、先に水戸天狗党がたどった中山道を急ぎました。沿道諸藩の兵力は大したことなく、彦根藩、大垣藩などを恫喝して軍資金を巻き上げ、加勢の藩兵を加え、年貢半減などをうたい文句に、向かうところ敵なしの勢いでした。

年貢半減などの食言を取り消すためにも、のちに朝廷は代表的な赤報隊を偽官軍として誅戮します。大原重徳卿は身内の公卿を赤報隊から引き離し保護して欲しいと、慶勝公に頼み込んでいます。

尾張の幼君義宜公は、尾張の部隊を率い朝廷の警備につき、天皇の大坂行幸に供奉したのち、大総督府の護衛に当たりました。江戸城の明け渡しに際しては、尾張藩が城の受け取りを命じられたほか、市内に残留した幕府歩兵隊を預かるなど、宗家と同じ葵の御紋の効用をフルに活用させられています。

尾張藩は武力としての官軍の中核ではなく、新政権と朝廷の権威を高めるために、目立たない地味な役割に終始し、戦陣での功績を競うような局面とは総じて無縁でした。史家の中には、大きな城と木曽三川を持ちながら、何故戦わなかったのかと、その不甲斐なさを糾弾される方もいます。自分たちの父祖は命がけで戦ったという主張の裏返しで、それと対比するとき、尾張藩は日和見に過ぎるという見解なのでしょう。

しかし、周旋の場に臨んだ尾張藩士の多くも、また命がけで働いたわけで、頭から腰抜け呼ばわりされるのは管見《かんけん》と言うべきです。血の気の多い交渉相手と、戦場に臨む気迫と決意を静かに秘めて、穏やかに粘り強い話し合いとなるのですが、これは戦場での見境ない暴勇と違い、孤独で沈着さと勇気を必要とする働きでした。

また、戦いは得てして将兵の暴勇を生みます。長州再征のとき、周防大島を占領した幕府方の藩兵が島民に与えた暴行は、のちに島民に謝罪せざるを得ない見苦しい行為でした。官軍の側も同様で、戊辰戦争の後半の東北戦争で敗者に与えた暴行、屈辱は大きな恨みを残しました。

同じ民族同士でも、学問の素養を欠けば蛮勇ばかりで、幕末の藩内抗争で死傷した諸藩士の数は、信じられないほどのおびただしいものになっています。大藩なのに尾張藩の場合は、青松葉事件のクーデターで十四名、北越戦争で十八名に過ぎません。

御一新で尾張藩も財政が破綻、藩士の俸禄は大きく削減され、苦しい生活になりました。しかし、藩内での抗争もなく、この少ない犠牲者で維新の大きな変革を乗り越えられことは大きな幸運で、慶勝公以下の叡智の賜と思います。

慶勝公、田宮如雲等の治績は、ほとんど語られることなく過ぎています。如何にも、権勢や名誉に無欲恬淡だった方々らしく、意図的に世俗の賞賛を避け、卑俗な世評に盛名を残さない生き方でした。

第五章　朝幕支え、引き際も見事

一、武力に頼ろうとはしなかった尾張藩の遠謀

慶勝公は朝廷中心の新体制の実現を推進され、青松葉事件と呼ばれたクーデターで藩論を統一して、自身の足下の危機を乗り越えました。これまでの幕藩体制ではやっていけないと、早くから見据えた慶勝公等の優れた見識と行動は、黒子の役割に徹しながら、あたかも公卿たちと諸藩主、諸藩士たちをあやつり、表に出なかった陰のプロデューサーを務めたようなもので、黒鉄ヒロシ氏が指摘される通り見事なものでした。

さて、明治維新の名古屋は三府（東京、大阪、京都）に次ぐ都会で、幕末に開港した神奈川（横浜）と兵庫（神戸）に負けることもなく、我が国の六大都市の一つに発展しました。江戸時代の地方の大きな城下町が、遠浅の海に大きな港を造り、文明開化の荒波を克服して新しい産業を次々と拡げ、近代的な生産都市に姿を変えた例は他に見あたりません。見方を変えれば、我が国の大都市が文明開化でどのように変貌したかを紹介するのに、名古屋は最も模範的な優等生で、分かりやすい好適なモデルだと思います。

維新前から始まった文明開化について、尾張の藩士たちは他藩を出し抜き内戦で勝つことを目的として、西欧文明に飛びついたわけではありません。次々と売り込まれる新式銃、蒸気船といった新兵器についても、洋式軍隊の創設についても、大藩としては最も遅いペースでした。尾張藩より小さい藩でも蒸気船を購入してという時期に、尾張はまったくそ

の気がなく長州征討で藩公が総督を務める段になって、幕府に蒸気船一隻を乗員付きで貸してくれと申し入れました。

幕閣は尾張藩が再三の軍備増加の御触れにもかかわらず、蒸気船一隻持たない有様に、半ば呆れ苦笑したようですが、慶勝公と茂徳公は新式銃にも蒸気船にもほとんど関心がなかったようです。蒸気船が入れる港は知多半島の武豊にしかなく、藩の軍備としての大船の所持は、漠然と外敵に備えると言っても、あまり意味がないと慶勝公等は考えたようです。

新式銃についても、後にクーデターで葬られる渡辺新左衛門だけは、傑出したライフルのメカ研究者でしたが、鉄砲については大方は関心が薄い土地柄でした。幕府と同様で尾張藩でも重い銃を担う士卒の層が薄いため、薩摩藩のように「士分《しぶん》一統《いっとう》総筒制《そうづつせい》」というような志向はなく、長州藩のように銃砲中心の陣立てを考える軍制整備も、あまり意識できなかったようです。

当時の日本は武器を扱う「死の商人」たちには格好の市場でした。その購入には莫大な資金が必要となり、これほど非生産的で不合理な出費はありませんでしたが、幕府も多くの藩も動乱の時期に際してこれを買わないわけにはいきませんでした。長州藩は英国商人グラバーに頼り、何千挺という単位で鉄砲を購入しています。

攘夷派の面々　慶応元年（一八六五）長崎のフルベッキのもとで学んだ塾生たち。長州・薩摩・土佐の面々に幕府や松下村塾の者も加わっており、二か月の労を経て勢ぞろいしたとされる。写真に人名を書き入れたのは彼らと接触していた頭山満《とうやまみつる》（一八五五～一九四四）。（複製・当店蔵）

西郷隆盛 (39)
大久保利通 (36)
小松帯刀 (31)
村田新八 (30)
伊藤博文 (25)
井上聞多 (31)
江藤新平 (32)
中重永之
中野健明
勝海舟 (43)
ウイリアム・フルベッキ (5)
大室寅之祐（長男） (14)
大木喬任 (34)
岩倉具経（具視三男） (13)
江副廉蔵 (18)
大隈重信 (34)
中岡慎太郎 (28)
桂小五郎 (33)
大村益次郎 (42)
長崎・オランダ塾
慶応元年二月
一八六五年
撮影
上野彦馬

彼らの扱う武器の多くは慶応元年（一八六五）に終わったアメリカの南北戦争で使われていた中古品でした。それゆえ統一された型式のものではなく、また種類も様々でしたが、そんなことに構ってはいられません。多少型式は古くても日本では新鋭の武器であり、彼らにとってはそれらを売りさばくいい市場でもあったわけです。

名古屋城下には『西洋砲術事情』などという著書を出す柳川春三のような研究者もおり、早くから和砲は洋砲にかなわないと指摘していたのですから、慶勝公と側近の田宮は、外国相手の戦争を想定した銃砲の強化など、費用対効果の観点から、優先順位に乏しい分野と考えたようです。本音は外とも内とも戦わないことを第一と考え、水戸藩のように軍備の強化がもたらした藩内の抗争などを見て、使う当てのない軍備の強化は考えものだと思われたようです。

こうした経緯から透けて見えるのは、攘夷強硬派のように外国との戦争なども辞せずとする戦意などはなく、攘夷戦争のメリットが把握できないとする姿勢でした。祖法は鎖国なので、その維持に努めるのは当然としても、長崎以外の開港要求に対し、武力で対応して攘夷を図るというのは、勝算も少ないと疑問視されたようです。もっとも、勝算がないから開国という政策転換は、勅許を得て攘夷派との折り合いも付けてから、という主張ではなかったかと思われます。

慶勝公等は攘夷過激派の存在も、まったく無意義とする立場ではなかったようですが、戦争の誘発を目指すテロ行為は、是認できないとする立場でした。特に、外国人殺傷により起きる緊張と法外な賠償金の支払いは、観念先行の攘夷過激派の思慮の浅薄さを物語るものとして、慶勝公は嫌悪されたものと思われます。

鎖国を頑なに維持しようとすれば、戦争を招く公算が大きい。開国やむなしとする祖法の変更となれば、力ずくでなく内戦のリスクを避けながらというのが、慶勝公と田宮の姿勢ではなかったかと推測されます。

慶勝公と田宮等はメカ中心の洋学や文物の導入には、戦争につながる安直な思考回路を助長するものとして嫌悪され、洋学の研究は和漢の研鑽を得てから、と藩士に訓戒しています。その反面、維新が実現して内外の戦争の危惧が遠のくと、早々と英語学校の開設に当たり、新式銃を購入するなど、態度を一変しています。

文明開化に向き合う尾張藩の姿勢は、のちに展開される「和魂洋才」の風潮のさきがけでした。和漢の哲学は、やみくもに戦争に走らないというのが、究極の要諦でした。

二、役目終え新政府に参加しなかった尾張藩

慶勝公と側近の田宮が登場した舞台は、最初から最後まで苦難続きでした。

武力による攘夷の実行が難しいとなったとき、外国の脅威に対応する国政の改革は、幕藩体制では無理だとなります。最後の将軍慶喜は大政を奉還したのち、自らも筆頭の大名として新政府に参加することを期待したようですが、それでは江戸幕府の旧体制の焼き直しで、抜本的な改革とはほど遠いものとなります。まず、旧幕府の体制を一掃しなければ、目指す改革が尻切れとんぼになります。

そこで、徳川将軍家を最大の禄高の大名として新体制に参加させることを拒み、幕臣の大半を一時浪人にして幕府を解体し、朝廷を中心とする有力諸藩の連合による新政府をつくり、江戸を新政府に明け渡させ、幕藩体制の清算を図る布石が必要とされたわけです。紆余曲折はあったものの尾張の慶勝公は、最終的にはこの判断で密かに、そして積極的に新政府を後押しされ、国内の統一に尽力されました。

鳥羽・伏見の戦いの後、慶勝公は京都から名古屋に戻ってクーデターを決行し、尾張藩内を素早く勤王派で固め、駿河と信濃から美濃までの諸国を勤王派に勧誘することに成功しました。尾張の慶勝公のこの目覚ましい働きは、新政府に無用な警戒心も与えたようです。慶勝公の越権と野心をあれこれという議論も出てきます。新政府の運営に当たって主導権を握りたいとする政権欲が、もともと希薄であったところへ、こうした疑念に対する配慮も絡み、慶勝、成瀬、田宮等の尾張藩の代表は、江戸城明け渡しとなって間もなく、いずれも新政府の職を辞任し、早々と退場することになります。

これで当面の任務は終わったという感じです。薩摩・長州中心の新政府に対しても、徳川宗家に対しても、尾張藩として果たすべき責務は果たしたという思いで、ここまで来れば政権内に留まる意義、つまりは尾張藩の利用価値はほとんど尽きたと悟られて、早めにとなったようです。

薩摩・長州の両藩も岩倉具視も、尾張藩をその実力以上に厚遇するのは、これまでと思ったようで、辞職を慰留する理由も意志もなかったと思います。慶勝公の辞意は渡りに舟の話になりますが、尾張藩士の多くも、藩公に倣いこののち多くが官途に留まることなく、当てのない国元の生活に戻りました。藩公に倣う無欲というほかに、動機がない行動でした。

見方を変えれば、維新の陰のプロデューサーの面目躍如の出所進退でした。東北には実弟の会津容保公が孤軍奮闘でしたが、このときはまだ前将軍が死罪とならなかった以上、自刃しなくてもよいと見当をつけていたと思われます。

鳥羽・伏見の戦いになる前に、慶勝公は弟の会津・桑名の両侯に対し、再々帰国を促したのですが、容保公も桑名の定敬公も、ともに最も大切な戦争を避ける道を採らず、我意を貫いて兄の周旋と慫慂《しょうよう》に応じませんでした。慶勝公はクーデターの犠牲を悲しまれると同時に、勝者も誇ることができない戦の教訓として、弟の孤軍奮闘を大局的にはそれもまた良しと、肯定的だったのではないかと思われます。

三、江戸無血開城へ、慶応四年・明治元年という年

慶応四年二月、前将軍慶喜に対する処罰に不服な旧幕臣たちは、浅草本願寺において彰義隊を編成します。二月十二日、慶喜は江戸城を出て鬼門の方角にあたる上野寛永寺の一院に引き籠りました。謹慎先の場所を官軍本隊の進路にぶつかる芝増上寺を避け、上野寛永寺にしたことで、徹底抗戦で最強硬派の彰義隊が慶喜公の謹慎先に集まることになります。この措置は最強硬派を江戸城に入れずに、しかも近いところに屯することを許した点で、言わば和戦両睨みの構えを期せずしてもたらし、実によくできた措置だと思います。

明治新政府は、その権威を早々と確立するためにも、江戸城と江戸の街を無傷で手に入れることが絶対に必要でした。朝敵とされた前将軍慶喜公の助命と徳川宗家の存続が、そのための切り札になります。旧幕府側を代表する若年寄大久保一翁と勝海舟は、この切り札を逆手にとり、慶喜公の助命と徳川宗家の駿河への転封による保全を実現するために、江戸城と江戸の城下を無血で引き渡しました。

事が落着したあとになれば、江戸城総攻撃を主張したとされる薩摩藩の西郷等も、相手

の出方によっては江戸を焦土にしてとほのめかした勝海舟等も、ともにブラフ（はったり）を応酬しあった格好に見えます。しかし、双方が必死の勢いを談判で示さなくては、それぞれが抱えていた強硬派を納得させることができません。慶応四年（一八六八、明治元年）四月十一日の江戸城と城下の江戸の無血明け渡しは、やはり生半可な交渉では収まらなかった政治劇だと思われます。

他方、英国公使パークスは、官軍の中心となった薩摩藩に対し、無抵抗の前将軍を討伐するのは行き過ぎだと、各国公使たちと諮って勧告しました。その影響も見逃せないところです。各国公使たちが慶喜公に対してこのような配慮をしたことは、それまでの我が国と諸外国との外交交渉は幕府以外に担当部門がなく、慶喜公と幕府の外交官たちが、外国の使節から必要不可欠な交渉相手として、相応の評価を受けていたことを物語っています。

また、別のエピソードでは、江戸城総攻撃というので、鳥羽・伏見の戦いの時、薩摩藩は京都の寺に戦傷者を収容する病院を開設、英国公使館附の外科医の派遣を求めました。英公使パークスは求めに応じて医官ウィリスを派遣して、適切な外科手術を施し、薩摩藩の医師たちを驚嘆させせました。江戸城総攻撃を前に、西郷隆盛は長州藩士をパークスのもとに派遣、野戦病院を開設するのでと、再び医官の派遣を求めました。

長州藩の使者に対して、パークスは恭順するという相手を攻め殺すとは、そんな乱暴な

『絵本徳川十五代記』より（当店蔵）

政府は聞いたことがないと罵倒し、第一、江戸城総攻撃など各国公使に通告がないと詰め寄りました。野戦病院開設に医官の派遣など論外だとなりました。西郷はこのパークスの激しい抗議を、そのまま京都に取り次ぎ、前将軍に対する厳罰と江戸城総攻撃をやめる方策に転じる動機に利用したと伝えられます。

江戸城明け渡しの翌日、四月十二日、幕府の軍艦八隻を海軍副総裁榎本武揚が率いて、品川沖から館山に移動。のちに東北から函館に走り、最後まで抵抗することになります。五月十五日、長州藩の大村益次郎は上野の彰義隊を呆気なく鎮圧、その残党は武蔵の流山付近で多くが討ち取られました。同時に、徳川宗家の存続が決まったことで、東北諸藩の抵抗はその大儀名分と力を殺がれ、やがて次々と消失しました。

徳川宗家は尾張慶勝公の予想通り、幼い田安亀之助が相続となりました。ところが、江戸城の無血明け渡しの直前、幕府の有司一同は宗家を尾張が相続することだけは我慢ならないと訴え出ました。この反感には先に他界した岩瀬忠震が早くから朝廷に取り入る慶勝公を獅子心中の虫と言い、越前の橋本左内に語っていた逸話と符号します。慶勝公についてはこうした反感もつとに折り込み済みの上でした。

この間、尾張藩の国元名古屋では、慶応四年二月末と三月半ば、勅使豊房卿と藤原卿が熱田神宮に参向しています。豊房卿は、「宝祚万歳、天下泰平、武運長久、人民和楽」を祈願しました。のちに初代の名古屋市長になる中村修が尾張藩の目付となり、佐幕派の付家老、今尾藩主竹腰家の御咎めの筋について、慶勝公から調査を命じられたのもこの頃です。

江戸城攻略のため尾張藩は二月来、相当の兵力を出していたのですが、四月末になると、北越から東北への征討に千賀與八郎信立を先鋒総括として、更に相当の兵力を出すことになります。新規に徴募された兵力のために、刑死した家老渡辺新左衛門の空き屋敷が、磅礴隊《ぼうはくたい》の仮陣屋に転用されます。「磅礴」とは、様々なものを混ぜ合わせて一つにするとの意味で、藩内の各地から集めた民兵を束ねた部隊でした。

これらの部隊の軍費を補うため、二月、尾張藩は名古屋市内の豪商に対して、九万両の調達を命じました。豪商一同は六万両に減額して欲しいと慶勝公に嘆願しています。

他方、この春、江戸城が明け渡される頃、国元の尾張藩では長雨が続き、丹羽郡北部の谷間にある大貯水池入鹿池が満水になります。五月初旬からの雨で、危険水位が続いた入鹿池は十四日払暁に堤が一挙に決壊、名古屋の北を流れる庄内川以北の六十二村を泥土で埋め尽くします。死傷約二千四百名、一万戸余が被災、八千余町歩が埋没という大災害でした。収穫期までの五ケ月分の食糧を、尾張藩は直ちに被災地に支給したほか、全部で五万両余の対策費を費やしました。

前記の軍費だけでも難儀なところへ、とんでもない災害の失費が重なって、尾張藩は巨

『尾張名所図会』が描く入鹿池

額の赤字に苦しみます。五月末、尾張藩の財政の困窮を見兼ねた朝廷は慶勝公の功績もあり、救済のため一万五千両を下賜される騒ぎになりました。

内外ともに忙しい尾張藩に、新政府の長崎総督が捕らえたキリスト教徒の一部四百名弱が、慶応四年夏に囚人として割り当てられます。男子信者六十名は大坂から陸路徒歩で牛のように追い立てられて到着、広小路の獄に入れられます。婦女子信者三百余名は船で宮に上陸、西本願寺の宿坊に収容されました。

護送の途中で名古屋の殿様は優しいし、暖かい土地なので、あんたらは幸せだと言われたとか。なにしろ長崎では田に筵を敷いただけの野宿でしたから、それに比べれば随分とましな待遇だと思われました。

ところが、改宗を強要する獄吏たちは、年少者にまで手荒い拷問を加えました。改宗したかと思うと翻す者が続出、男子より女子が頑強に抵抗し、真宗の威力も通じなかったようです。生き残った信者は、獄吏の過酷な拷問でひどい目にあっている自分たちのことなど、殿様はご存じなかっただろうと述べています。

西国諸藩の改宗強要の中で、最も過酷だったのは石見の津和野藩でした。藩主亀井茲監《これみ》、藩士の福羽美静《びせい》は、ともに新政府の神祇局《じんぎきょく》に出仕しており、神道による改宗に自信があったらしく、四万石余の藩なのに、百数十名の信者を受け入れ、二割に当たる殉教者を出しています。

京都の本願寺は、幹部が前将軍について江戸に行ったため、新政府から耶蘇《やそ》同然と睨まれたこともあり、この三千余の信者の改宗を引き受けたいと新政府に申し出ましたが断られました。真宗の獄吏は耶蘇同然とされた宗門の名誉挽回にと張り切ったとか、妙な憶測も生まれたようです。津和野と違い、藩公の知らない所での獄吏の密かな蛮行でした。

事の起こりは、慶応四年一月、長崎奉行が立ち去ったのち、弱冠二十一歳の総督澤宣嘉《のぶよし》が血気にはやり大量摘発を強行、その後始末に各藩が巻き込まれたわけでした。キリスト教徒に対する迫害について、各国公使は再々抗議したのですが、この件についての明治政府の態度は頑なでした。

廃仏毀釈《はいぶつきしゃく》とか、とかく騒動の多い神祇局は、明治五年に廃止され、やがてキリスト教も解禁となります。この新政府の神祇局ほど、有害無用な組織は前後に見当たりません。神道と言い、真宗と言い、他に改宗を強いる教義などないはずなのに、時の勢いはえてして、理不尽な振る舞いを生みだしたものです。

この慶応四年は全体に不作で、反当たり収穫高は一石五斗、米一石が金五両三分との記録があります。ところが、軍費の調達に困った諸藩が蔵米を売ったため、米価は一時急落しました。しかし、年の後半には紙幣の乱発によるインフレで、米価は暴騰に転じます。

新政府は巨額の経費を賄うため、紙幣の太政官札（十両～一朱まで五種類）を発行するなど、この年は新政府も諸藩も、戦費の調達と、そのツケによるインフレ

林左門の墓（伊勢市、梅香寺墓地）

に悩まされました。当時、政府の会計局にいた尾張藩士林左門はこの紙幣発行に反対して、のちに尾張に連れ戻される契機となります。

四、最後まで徳川宗家と幕臣らを気遣う

慶応四年五月二十四日、徳川宗家の相続を認められた田安亀之助（六歳、家達《いえさと》と改名）は、駿河七十万石の大名に封ぜられました。旧幕臣たちは期限付きで一斉に江戸を引き払い、駿河の府中（現在の静岡）に移るよう命じられました。かつて駿府奉行を勤めたことがある若年寄の大久保一翁は、先行して受け入れ準備に当たりました。

英公使館のアーネスト・サトウは、顔見知りの元神奈川奉行の幕臣が、今は供もなく粗末な駕籠で街道を西に向かい立ち去るのを目撃しています。この元奉行はまだしも、戦争で母子家庭となった幕臣の家族たちなどは満足な路銀もなく、船底にすし詰めにされて運ばれたとか。多くの幕臣と家族らにとって、慌ただしく大変難儀な移動となったようです。

家達は八月九日江戸を発ち、江尻（清水）まで出迎えた一翁に案内され、八月二十五日、駿府城代の屋敷に到着します。戊辰戦争のとき、尾張藩の一隊が抑えた駿府城は官軍大総督府の本営となり、最後に徳川宗家の手に戻されました。この間、七月十七日、江戸は東京と改名されました。

その昔、一翁は将軍の側御用取次を勤めたとき、越前の慶永公の前で、徳川宗家は政権を奉還して駿河、遠江、三河を領地とする大名になればよい、と私見を述べたことがあります。それは多数の幕臣を養う上で必要な禄高の領地でした。駿河七十万石というのは、尾張六十二万石をわずかに越えるものですが、実際は名ばかりのもので、駿河だけでは江戸居住の幕臣全部を養うにはあまりにも手狭な領地でした。

駿府は時ならぬ住宅難に陥ります。農家の小屋まで、江戸から移転する幕臣たちの住居になったとか。食料から日用品の諸式に至るまで不足を来したとか。尾張藩に輪をかけたような財政窮迫の中で、江戸所払い同然の大変な住み替えで、多くの幕臣は無禄御供を事前に言い渡される有様で、大方の幕臣は給禄の大幅な引き下げとなり、駿河に移転しても給与はないとされた人々も多かったわけです。

大久保一翁にとっては、江戸城の明け渡しよりも、この幕臣と家族の大移動と、その後の暮らし向きの対策の方が遥かに困難で、繁雑な職務になったと思われます。江戸での残務を終え、勝海舟が駿府に到着したのはその秋のことです。派手好きの勝には、およそ不向きな貧乏な藩の生活でした。貧窮の中で幕臣の一部は帰農して、畑作で茶とか農産物の生産に挑戦しています。

尾張藩も貧窮の藩士に帰農を勧奨し、田宮如雲はのちに復員する草薙隊士たちと、各務原で開墾に従事しています。幼君義宜公の側用人を勤めていた永井以保も維新後は帰農、筆者が生まれた昭和初期まで、ちょんまげ姿で農作業に従事、「御器所聖人」と尊敬されたと伝えられます。

大久保一翁は駿河藩の中老となり、勝海舟、山岡鉄太郎とともに、再興した徳川宗家の駿河藩政の運営に当たることになります。徳川宗家の駿河への転封に伴い、沼津藩主水野家は上総国菊間に国替えを命じられていました。

一橋家に入った前尾張藩主玄同公はこれで幼い田安亀之助の庇護から解放されることになりますが、江戸居住の三卿、一橋・田安・清水を代表して、江戸に入る土地不案内の官軍総督以下の公卿と諸藩の幹部に対し、案内役的な存在として目立たない努力を重ねられたと思います。のちに新政府の江戸入りにあたり、密かに緩衝剤的な役割を果たされていたはずです。

徳川宗家を相続した幼い家達が、江戸を発つ直前のことです。尾張は東海道と東山道の要地だからという理由で、江戸にいた幼い尾張藩主義宜も帰国を命ぜられ、家達と前後して江戸を離れることになります。

もっとも、江戸にいた尾張藩の兵力の大半は引き続き残され、一部は明治と改元された九月末、奥州征討に出発しています。この先の討伐には、もはや葵の御紋を掲げ、幼い尾張藩主を先鋒にする必要がなくなったわけで、国元の慶勝公に配慮して幼君の任務を軽減する措置となりました。

五、点描、その後の尾張藩

官軍が江戸に入り、新政府が移転してきたころ、渡辺新左衛門と石川内蔵允の配下でペリー来航を契機に脱藩し蘭学の勉強を志した宇都宮三郎は、重病で明日をも知れない状態になりました。三郎は新政府に対して、自分が死んだら腑分け《ふわ》（解剖）をしてほしいと願い出ます。江戸時代までは刑死した罪人が対象だった腑分けを、士分の者が願い出たことは、新政府を驚かせました。

しかし、そこは御一新のご時世です。新政府は感心して三郎の願い出を許可しました。この出来事はわが国の医学史に書かれ、宇都宮三郎は歴史に名を残しました。ところが、三郎は強運の主だったらしく、奇跡的に回復しました。化学に強い三郎の学識は、これが機縁になって新政府に出仕となり、後に次官級にまで昇進することになります。

宇都宮三郎は慶勝が死去した後、明治十八年夏、郷里名古屋の万松寺において、渡辺新左衛門以下の青松葉事件の刑死者の法要を盛大に営みました。『名古屋市史』に収録されたその趣意書には、佐幕の徒であったとしても、それは宗家に対する忠誠心だと指摘し、

「千載悲泣《せんざいひきゅう》の鬼」となった刑死者たちに対し、誠意にあふれた追悼の文を綴っています。この法要を境にして名古屋の人々の刑死者に対する見直しが始まったと『市史』の編集者は述べています。

三郎とともに趣意書に名を連ねた辻可一は、尾張藩の砲術家でした。脱藩前の宇都宮三郎も砲弾の開発に当たり、江戸海岸の砲台の建設と試射を担当するなど、お互いに砲術を通じて古くからの知己であったようです。

薩摩と長州が主流であった明治政府の高官が、俗に佐幕派と目されて刑死した人々の法要を営むことは、相当に勇気がいることです。三郎は気骨のある官僚でした。そのほかにも、明治政府に仕えた尾張藩士の丹羽賢は、長州の大物井上馨を汚職で逮捕するなど、大胆と気骨を発揮したのですが、惜しいことに若くして死去しています。

さて、事件の関係者たちのその後の様子ですが、明治二年六月、尾張藩主義宜の藩籍（土地と人民を指す）奉還が朝廷から許され、尾張藩は消滅します。藩主の義宜は名古屋藩知事に任命されましたが、その年の暮れに辞任し、その後は慶勝公が藩知事になります。名古屋藩庁は青松葉事件刑死者の遺族の他家お預けと幽閉を解き、家督の相続を許して応分の給禄を与えました。また、蟄居など幽閉された者は赦免されています。

明治八年春、東京に移った尾張徳川家は青松葉事件の刑死者十四名のために、東京霊雲寺において、一切の罪業を消滅させる光明真言の土砂加持の祈祷を行いました。この法要は、加持した土砂を墓の上にまくと罪根が除かれるという密教の修法です。古来、命を失う最後の瞬間に恨みや怨念を抱くと、人は地獄の鬼になると言われますが、刑死者の恨みの根を除き、その冥福を祈る法要でした。

また、明治十年西南戦争が起きたころ、十四名の刑死者に対して、徳川家の大奥から回向料が贈られています。尾張徳川家はこの後、大正初期の五十回忌の法要まで営んでいます。

明治二十二年春、明治憲法の発布に伴う大赦令で、青松葉事件の十四名の刑死者は、改めて罪科の消滅を言い渡されました。翌明治二十三年春、初代の名古屋市長中村修が就任して間もなく、大審院検事長は、遺族にその旨の証明書を交付しています。

いつの時代でも、勝利した側の記録や回想は分厚いものになりますが、敗れた側の記録や回想は総じて貧弱なものに終わります。維新の成功に至る様々な記録と回想も、もっぱら西国の勤王派諸藩の人々の手柄話が拡大され、詳細に埋められています。

やはりと言うか、消滅した旧幕府の諸有司たちは、元将軍以下、大久保一翁などのように、総じて沈黙を貫いた人々が多く、回想や記録はわずかです。尾張藩も同様で、藩主以下の回想や記録も総じて貧弱です。上からの箝口令があったとの指摘もありますが、それよりも、国のためとはいえ宗家を没落させて何の功績かという思いと、青松葉事件にまつわる悲しい記憶が、関係者の間で強かったのではないかと思われます。

就任を要請する地元の代表たちに、自分には郷里に対する功績がないと言って、名古屋市長の椅子を固辞した中村修は、尾張徳川家の推薦を断り切れなかったようです。そこで、就任はしたものの、短期間で辞任しています。

「徳余って、才足らず」の人物評を残しました。寡欲でお人好し。国に尽くし、その見返りを求めない。私心がない。尾張勤王派を代表するような人物でした。「才余って、徳足らず」の人士が要人にあふれる今日からみれば、こんな立派な人物評が得られるとは、実に見上げたもので、慶勝公と田宮の人物を見る目が確かであ

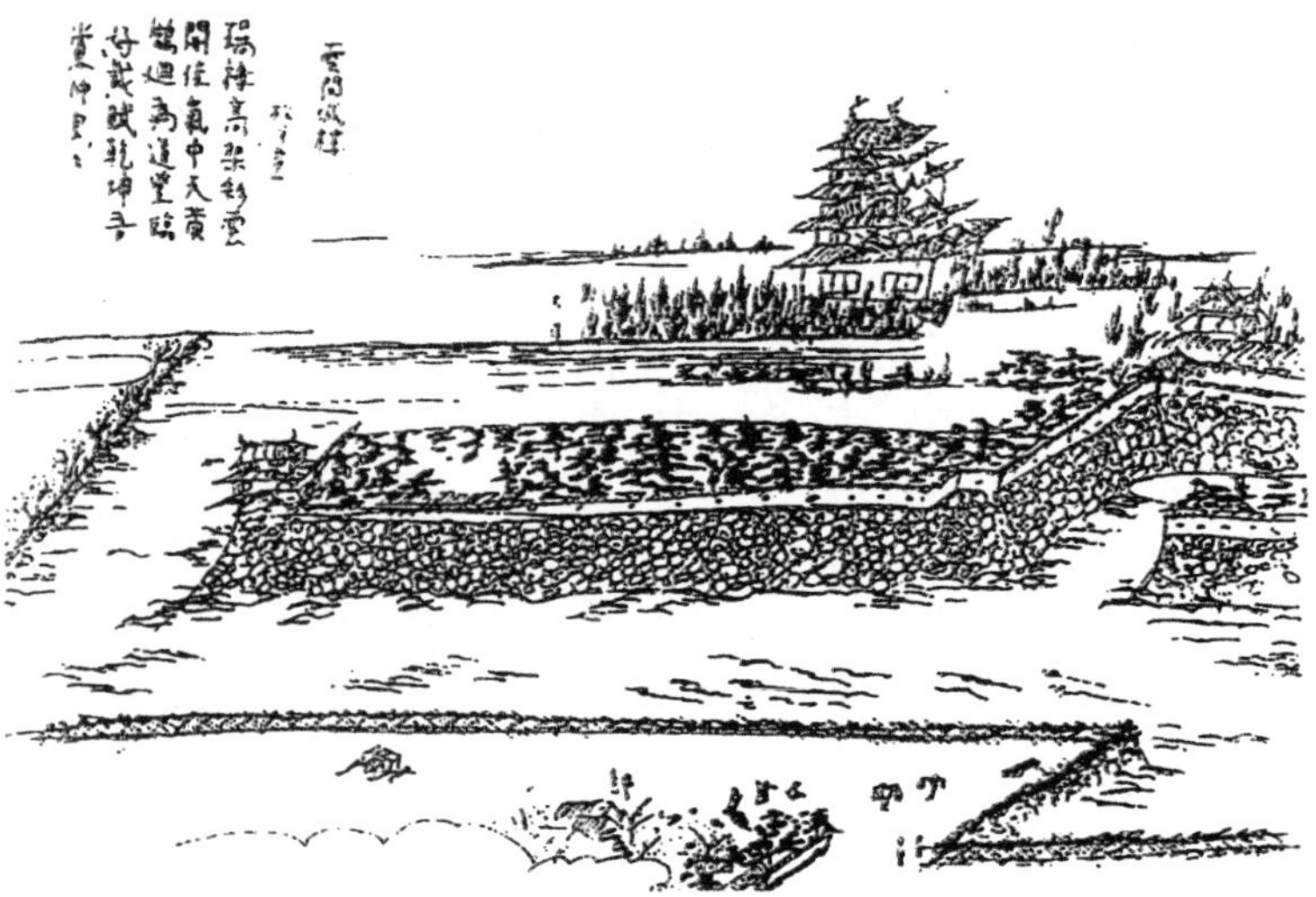

ったと改めて痛感します。

青松葉事件の前に、国元の藩の状況を京都にいた慶勝公に報告した監察の吉田知行は、明治十年の夏、慶勝に従って京都の伏見で取締助役をしていた角田弘業、青松葉事件のときに藩校明倫堂の学生として処刑の打ち手介補を勤めた片桐助作らとともに、北海道の開拓移住先の適地の調査に出かけています。三名は秋までに適地を選定し、翌年初夏、慶勝公は開拓使長官に移住先百五十万坪の無償払下げを請願し、その夏から秋にかけて、吉田を隊長として、旧藩士たちの移住と開墾を開始されました。

新天地に移住した旧藩士たちは、その地を八雲と名付けました。郷里の熱田神宮の相殿に祀られる神々の中の素戔嗚尊《すさのおのみこと》の和歌「八雲立つ　出雲八重垣　妻籠《つまご》みに　八重垣つくるその八重垣を」にちなんで選んだ八雲です。

わが国の北辺を守る武士として、八岐大蛇の退治に単身で赴いた祭神の勇気にならって、北海道に新しい大和島根をつくり国に尽くす志と誓いを表したように思われます。今の名古屋には残っていませんが、八雲には武士階級の美しい名古屋弁が残り、その後、郷里から呼ばれた人々を加えて家族とともに、熊が出没する荒野を開墾して見事な耕地に変えました。

最初に隊長として開墾を指揮した元尾張藩の目付吉田知行は、晩年に名古屋市郊外の長久手村に帰っていましたが、病いを得て余命いくばくもないとわかったとき、再び八雲に戻ってその地で死ぬことを熱望しました。東京の尾張徳川家では、知行の加療とその熱望を手厚く応援します。知行は病苦を克服して渡道し、八雲に骨を埋めました。初代の名古屋市長中村修と同じく、いずれも忠義で一途の士たちでした。

尾張徳川家はこの開墾事業を支え、わが国初の自作農創設事業に当たりました。この八雲の開墾事業にならって、諸藩も北海道へ藩士の入植を試みましたが、大方は失敗に終わったと言われます。こうした士たちの尽力と犠牲によって、明治新政府の基盤は築かれたわけです。（この項、渡辺博史著『尾張藩幕末風雲録』より抜粋）

・あとがき

先年春に尾張の明治史をまとめる際、幕末の概要を書いてみたところ、舟橋武志・永井久隆の両氏から、これは切り離して小冊子にした方がよいと奨められ、お願いすることにした。余命との競争で海軍史の入力などに没頭しているため、編集、添付する資料等について両氏に全面的にお願いしてとなった。両氏のお力添えがなければ、このような形にまとまらなかったので、本来は共著にしたいのだが、自分の執筆したものだからなどと断られた。舟橋・永井の両氏には感謝の言葉がない。

幕末の尾張藩には優れた藩主慶勝、茂徳（のち玄同）の二人がさしたる派閥も作らず、それぞれ公平無私の立場で人材を活用して難局を乗り越えた。変転極まりない情勢変化の中で、尾張藩が目指したのは祖法の鎖国を守るか守らないかで内戦が起きるのを防止することにあった。外国との戦争を回避するために鎖国と攘夷は無理だとして、毛唐嫌いの朝廷を真っ正面から説得しようとしたのは、尾張の前藩主玄同公であった。

朝廷から権大納言に任ぜられ、周旋を期待された前藩主慶勝公は、幕府からも将軍補佐役を命じられ、攘夷急進派の朝廷の公卿、薩摩、長州、水戸などの諸藩の押さえを期待された。結局、公卿の一部と長州藩による攘夷戦争は失敗、禁門の変で京都の街を焼かれた朝廷は、幕府に長州征討を命じた。

西国諸藩のほとんどを動員したこの戦争の総督には、尾張前藩主の慶勝公が起用された。慶勝公は密かに長州藩に服罪を求め、薩摩藩の西郷を参謀として引き込み、戦うことなく事を収めた。

この成果に幻惑された幕閣は、慶勝公の措置を不当として、長州再征を試み失敗。将軍家茂の陣没により、朝廷は停戦を命じた。その後、将軍後見を務めた一橋慶喜が最後の将軍となり、事態を一時的に取り繕ったものの、孝明天皇の崩御もあり、後ろ盾を失って自壊した。

京都には朝廷中心の新政府を担ぐ薩摩・長州の兵力と、前将軍慶喜を担ぐ旧幕府に会津・桑名の兵力が対峙し、内戦必至の事態となった。尾張の慶勝公と田宮等は新政府の閣僚有司として、戦争回避の周旋役を命じられた。しかし、慶勝公等の周旋は戦意旺盛な両者の前に徒労に帰した。慶勝公と田宮等の次の目標は、江戸までの道筋と江戸城の無血開城に努め、戊辰戦争の早期終息を図ることにあった。

由来、戦争もまた政治の一つの形態であるが、戦争の副作用というものに思いを致せば、木戸孝允がいみじくも漏らしたように、「病後の薬毒の如し」であった。それは戦功に見合う地位と見返り求める「兵の驕慢《きょうまん》」だけでなく、便乗した公卿や諸藩の要人の猟官にまで及び、明治十年の西南の役と直後に陸軍近衛部隊が蜂起した竹橋事件など、一連の内乱まで災厄は続いた。

尾張藩公以下のスタッフは、もっぱら次の手となる武力の行使や割拠を目指すことなく、周旋による和平の実現を求めた。それには三手も四手も先まで考え抜き、行動する粘り強さを必要とした。

自らは武力を背景に威圧するところがないのに、対立する両者の周旋に当たるには、知略と辛抱以上に、飾らない徳望が求められる。尾張の君臣たちは無私無欲の中で、大規模な内戦を回避し、とかく不安定な維新政権を陰で支え、無言の安定勢力として明治維新を成功させ、富国強兵の国策実現に寄与した。

尾張にこの人ありとされた慎重で地味な策略家田宮如雲は、その情報解析と策謀の能力において、幕末で最も優れた人物であり、官学の容れない陽明学を信奉する異色の人材でもあった。それをブレインに起用した慶勝公は、幕末の政治家としては抜群の君主であったと言える。

慶勝公の跡を継いだ茂徳公は飾らない人柄で、鎖国の祖法が無理なことを見抜き、朝廷の反対をよそに生麦事件の賠償金を独断で支払い、その責めを負い、隠居して玄同と改名。兵庫開港の騒ぎのときには将軍家茂を補佐して開国の必要性を朝廷に鋭き、祖法の鎖国を開国に変える廟議を実現させた。目立つことが嫌いな果断な人物であった。

世俗の評価はともすれば、宰相や閣僚の閲歴を軸にする。その中にあった凡庸な野心家の公卿、才気を競う諸藩主たちをよそに、版籍奉還・廃藩置県の陰の推進役として徳川一門と譜代親藩をまとめた功績は看過できない。諸外国の公使の多くは、そんなことが無事に実現するとは信じられない、という向きが少なくなかった。

青松葉事件がなければ、幕末の尾張藩史は今日までのように、慶勝公等の働きを台無しにするような貧相なものでなかったと思われる。この唯一の嫌な出来事の犠牲者に対する同情から、慶勝公等への批判と不評は尾張藩腰抜け論にまでつながり、それはそれで偏った史観の大きな論拠となってきたと思う。

後世まで続くそうした不評を被っても、このクーデターは当事者にとっては避けられない関門だった。この事件の呪縛とも言うべき歪みから、何とか抜け出せないものかと思うことしきりである。（渡辺博史）

【参考資料】

一、朝幕間の周旋に尽力した慶勝公

・慶勝公が拝受した孝明天皇からの御内勅（文久三年六月十七日）

「攘夷之存意者聊茂不二相立一、方今天下治乱之堺ニ押移リ、
日夜苦心不レ過レ之候。
…偽勅之申出、有名無実之在位、朝威不二相立一形勢、
全朕不徳之所レ成、悲歎至極之事ニ候。
何分ニ茂襄ニ誠忠ヲ唱、内心姦計天下之乱ヲ好候輩已ニ候。
尾張前大納言之誠忠之段実々感悦候。格別依頼ニ存候。
…何分此姿ニ而者天下催乱斗ニ而、
昼夜苦心候間、其辺深熟考有レ之度候事。
於二周旋者一依頼致シ度儀モ候得者、速ニ承知周旋兼而頼置候事」（徳川美術館蔵）

二、玄同公（徳川茂徳）の老子への傾倒

・牧山佐藤先生之碑（明治三十四年二月・三島毅撰）

「…玄同公深く之を信じ、礼遇すること甚だ渥し。小納戸格より物頭の班に陞す。講後問うに国事を以ってす。公の治績、先生の啓沃與かりて力有り。

既にして藩邸弘道館督学に任ぜらる。幾くも亡く命ぜられて尾張に帰り、藩校明倫堂督学の事を行す。

…而して玄同公老子を好み、命じて講義を作らしめ、恒に座側に置く。征長の役も亦た齎し往く。後に、先生に謂いて曰く、余陣中にて事を處するは多く此に依ると。先生又た嘗て曰く、老家は気を主とし、儒門は理を主とす、古今の学術は二者を出でず。…」（「牧山楼遺稿」先生＝佐藤牧山）

三、第一次長州征討の収拾で、慶勝公は西郷隆盛に踊らされたのか

（一）一般的な見方

①雑誌「歴史人別冊 完全保存版　幕末維新の真実」（平成二十四年九月発行）

「総督の慶勝は、完全に参謀の西郷隆盛によって操られていた。薩摩藩を指導する立場にある西郷は、寛大な措置を下すことにより長州藩に恩を売っておこうという政治的な判断から、長州への出兵を不完全な形で終結させたのだ」（七十五頁）

②禁裏守衛総督一橋慶喜の徳川慶勝と西郷隆盛に対する評価（元治元年十二月十二日）

「総督の英気至って薄く、芋によい候は酒よりも甚敷との説、芋の銘は大島とか申す由、…凡心には総督の底意解し難く候」（「肥後藩国事史料」大島吉之助＝西郷隆盛）

③肥後藩京都留守居上田久兵衛が国許の父親に送った書状（元治元年十一月二十八日）

「尾老公和議の論、薩州大島吉之助（奸賊ナリ）、私怨を捨、周旋など、申す事ニて、筑前北岡勇平一同一働、督府之下帯金之鯱と釣合不申、言語道断の模様…」（「肥後藩士上田久兵衛先生略傳並年譜」尾老公＝慶勝公）

（二）西郷の動き

①西郷が大久保一蔵に宛てた書状（元治元年九月十六日）

「勝氏へ初めて面会仕り候ところ、実に驚き入り候人物にて、最初は打ち叩くつもりにて差し越し候ところ、とんと頭を下げ申し候。どれだけか智略のあるやら知れぬ塩梅に見受け申し候。先ず英雄肌合いの人にて、佐久間より事の出来候儀は一層も越し候はん。学問と見識においては佐久間抜群の事に御座候へども現時に臨み候てはこの勝先生と、ひどく惚れ申し候。…　のりかそるかの仕事をいたし度相含居候」

②西郷が大久保一蔵に宛てた書状（元治元年九月十九日）

「…暴人の処置を長人に付けさせ候道も御座有るべきかと相考居申候。吉川又は末家等悉く死地に追込候ては、打破るながらも大いに怪我いたす事に御座候間、兵力を以相迫候て、右等の策を用ひ候はゞ十に五六は背立候はん」（以上、「西郷南洲選集」）

③西郷と岩国藩主吉川監物経幹との会見（元治元年十一月四日）

「… 実は大惣督御内命を蒙り罷り越し候訳にて、御本家御悔悟謝罪の儀未だ御実行相立ち申さず、甚だ不都合の次第に候えば、三太夫首級早く差し出され、並びに参謀の徒ご承知おき処置の儀、一同御届けこれあるべく候様精々申し述べ候」（「吉川経幹周旋記」）

（三）西郷に会うまでの慶勝公の動き

［贈従一位池田慶徳公御傳記］

①鳥取藩京都留守居役から国許の御側役への書状（元治元年十月十日）

「… 尾老公御内意等委細申聞候間、是より御聞取被遣候儀と奉存候。十五日方御下坂、於大坂御軍議と申は表面一ト通にて、御内実は於彼地諸藩と御密議之上、寛厚之御処置ニ相成候様、朝幕え御申立之思召にて、何分にも幕府奸徒之為に長州を征伐して、海内を疲弊し、醜夷之術中ニ陥候儀、深被成御憂慮、幕府今日之御政体ニては不相成ニ付」

「殿下より成瀬太夫え、長州三家老切腹、両国之内一ヶ国被下、父子共蟄居、或は御預位之御処置ニ相成度との儀、御内々御咄し御坐候趣、成瀬太夫より被相咄候。老公にも、結局之処、右等之御処置御願被成候御内意と奉存候」（殿下＝関白・二条斉敬と推定、成瀬太夫＝尾張藩付家老・成瀬正肥）

②鳥取藩京都留守居役から国許の御側役への書状（元治元年十月十二日）

「大阪ニて暫時御滞留、御密議被遊度ニ付、… 且密々水戸河瀬順之助・山口徳之進・岩

間金平・長谷川作十郎等御雇ニて、芸州、阿州、高松、津山、松山等え御密使ニ被遣、急ニ御登坂之儀内々御促し被成候御様子ニ御座候、其内も長藩より嘆願差出し候得は、既ニ御進発ニ相成候ても、寛厚之御処置御願被成候御深意之段、隼人正殿より密々被申聞候」

[維新史料綱要]

①元治元年十月十二日（一八六四）：鳥取藩主池田慶徳（相模守）書ヲ岡山藩主池田茂政ニ寄セ、其近状ヲ問ヒ、萩藩征討ニ出馬ヲ慫慂ス。明日、更ニ征長総督徳川慶勝ノ意干戈ヲ須ヒズ、伏罪ヲ待ツニ在ルヲ告ゲ、所見ヲ述ブ。茂政、之ニ復シ、後屡応酬スル所アリ。

②元治元年十月二十日（一八六四）：征長総督徳川慶勝、僧鼎州（麟祥院・豊後国佐伯養賢寺・前住・元名古屋藩士）僧機外（京都花園竜華院）及藩士八木銀次郎（雕）ヲ岩国ニ遣シ、萩藩支族吉川経幹ニ説キ、宗藩主毛利敬親父子謝罪恭順ノ事ニ斡旋セシム。是日、鼎州等、経幹ニ会ス。明日、経幹、用人目加田喜助・側儒大草終吉ヲ両僧ニ附シ、上坂シテ嘆願書ヲ総督府ニ致サシメ、又用人安達十郎右衛門ヲ萩ニ遣シ、状ヲ宗藩ニ報ス。

③元治元年十月二十四日（一八六四）：征長総督徳川慶勝、鹿児島藩士西郷吉之助ヲ引見シ、萩藩征討ニ関スル意見ヲ諮フ。吉之助、萩藩ヲシテ恭順謝罪ノ実ヲ挙ゲシメ、後之ヲ寛典ニ処センコトヲ陳ズ。慶勝、之ヲ容レ周旋セシム。尋デ（二十六日）吉之助、同藩

士吉井幸輔（友実）ヲ伴ヒ、名古屋藩士若井鍬吉（成章）ト共ニ、大坂ヲ発シ西下ス。

［三世紀事略］

「同月廿四日家臣若井成章（鍬吉）薩藩大島吉之助（西郷隆盛氏）に面し談時事に渉る、成章之を公に稟す、公成章をして大島氏を召喚せしめ親く公の意哀を面告す、大島氏公の命に悦服し闔国の為に力を尽さんと対ふ、仍て公佩る所の刀を脱し之に与ふ」

四、「維新史料綱要」にみる王政復古後の慶勝公の動き

①慶応三年十二月九日（一八六七）：旧幕府麾下ノ諸隊及会津藩主松平容保・桑名藩主松平定敬等、兵ヲ率イテ悉ク二条城ニ簇集シ、王政復古ノ大変革ヲ以テ鹿児島藩ノ私意ニ出ズルト為シ、城内騒擾ス。乃チ元征夷大将軍徳川慶喜ニ命ジ、部下ヲ戒飭シテ、萩藩主毛利敬親等赦宥ノ故ヲ以テ党議スルコト勿ラシメ、又前名古屋藩主徳川慶勝・前福井藩主松平慶永ニ命ジ、之ヲ鎮撫セシム。慶勝・慶永、乃チ各其家士茜部小五郎・田中国之輔・毛受鹿之助（洪）ヲ二条城ニ遣シ、老中板倉勝静ニ会シテ、其意ヲ致サシム。勝静、之ヲ納ル。

②慶応三年十二月十日（一八六七）：議定徳川慶勝・同松平慶永、二条城ニ登リ、元征夷大将軍徳川慶喜ニ朝旨ヲ伝フ。時ニ城中、兵馬填湊、頗ル喧擾ス。慶喜、大将軍辞官・

納地ノ事ハ衆情ノ鎮静ヲ待チテ奉答センコトヲ請フ。夜ニ入リ、慶勝・慶永復命シ、朝議、之ヲ容ル。

③慶応三年十二月十二日（一八六七）：議定徳川慶勝・同松平慶永、元大将軍徳川慶喜ニ、麾下士鎮静ノ為ニ、下坂ヲ勧説ス。是夜、慶喜、会津藩主松平容保・桑名藩主松平定敬・老中板倉勝静等ト倶ニ二条城ヲ発シ、遽ニ大坂ニ赴ク。旧幕府麾下諸隊及会津・桑名諸藩ノ兵、亦随テ下坂ス。慶喜、発スルニ莅ミ、奏状ヲ上ル。

④慶応三年十二月十八日（一八六七）：会津藩主松平容保・桑名藩主松平定敬ナホ大坂ニ留マリ、兵ヲ発シテ北上セントスルノ報アリ。是日、議定徳川慶勝・同松平慶永ニ命ジ、容保及定敬ヲシテ速ニ帰藩セシム。

⑤慶応三年十二月二十二日（一八六七）：議定徳川慶勝ノ請ヲ許シ、大坂ニ赴キ、三日間ヲ限リテ元大将軍徳川慶喜説諭ノ功ヲ奏セシム。慶勝、更ニ書ヲ上リテ、其期ヲ緩ウセンコトヲ哀請ス。

⑥慶応三年十二月二十四日（一八六七）：朝議アリ。廷議、遂ニ元大将軍徳川慶喜ニ対シ、領地返上ノ文字ヲ用フルヲ止メ、辞官納地ノ命ヲ下スニ決シ、議定徳川慶勝・同松平慶永ヲシテ之ヲ慶喜ニ伝ヘシム。

⑦慶応三年十二月二十四日（一八六七）：議定徳川慶勝、書ヲ上リ、徳川氏及諸侯ヲシ

テ悉ク其土地ヲ返上セシメ、更ニ其封彊ヲ定メテ之ヲ分与セバ、邦家永遠ノ好制度ナリト陳ジ、又同山内豊信ハ、政府ノ経費ハ宜シク之ヲ列藩ニ課スベキヲ建議ス。

⑧明治元年一月三日（一八六八）：是夜、議定徳川慶勝・同松平慶永、調停ヲ至ラザルヲ謝シ、其職ヲ解カンコトヲ請フ。議定山内豊信・同伊達宗城・同浅野茂勲（後長勲・紀伊守・広島藩世子）モ亦其職ヲ辞ス。

⑨明治元年一月七日（一八六八）：百官諸侯ヲ朝堂ニ会シテ、前内大臣徳川慶喜ノ反状ヲ告ゲ、征討ノ令ヲ発シ、諸侯ヲシテ其去就ヲ決セシム。

⑩明治元年一月十日（一八六八）：前名古屋藩主徳川慶勝ニ命ジ、旧幕府麾下士ノ京都ニ在ル者ヲ草津（近江国栗太郡）ニ押送シテ之ヲ放タシム。

⑪明治元年一月十五日（一八六八）：前名古屋藩主徳川慶勝、家老渡辺新左衛門等ノ奸謀ヲ上聞シ、帰藩シテ之ヲ鎮定センコトヲ請フ。乃チ之ヲ聴シ、慶勝ニ命ジテ奸徒ヲ誅鋤シ、且旁近ノ諸侯ヲ糾合セジメ、藩王徳成ヲシテ代リテ京都ニ至リ、禁闕ヲ守衛セシム。

⑫明治元年一月二十日（一八六八）：前名古屋藩主徳川慶勝、帰藩シ、佐幕派ノ家老列渡辺新左衛門・大番頭榊原勘解由・馬廻頭格石川内蔵允ヲ拘禁シテ自刃セシム。尋デ、其党塚田愨四郎（手筒頭格）・安井長十郎（錦織奉行格表番）・寺尾竹四郎（使番格）・馬場市右衛門（使役格寄合）・武野新右衛門（馬廻組新五郎祖父）・成瀬加兵衛（同三津太

郎祖父）・横井孫右衛門（寄合孫太郎父）・沢井小左衛門（同鎰弥父）・横井右近（家老列伊折介嫡子）・松原新七（普請奉行格）・林紋三郎（先手物頭格表番）ニ自刃ヲ命ズ。其余禁固・退隠各差アリ。是ニ於て藩論始メテ定マル。

⑬明治元年一月二十二日（一八六八）：是ヨリ先、前名古屋藩主徳川慶勝、旨ヲ奉ジ、使ヲ伊勢・三河・遠江・駿河・美濃・信濃・上野七州ニ遣シテ、諸藩及旧幕府麾下士等ヲ勧諭シ、王事ニ勤メシメ、且諸藩ノ老臣ヲ名古屋ニ来会セシム。吉田（遠江）・岡崎二藩、首トシテ之ニ応ジ、倶ニ事ヲ助ク。既ニシテ飯野・岡崎・田原・西尾・吉田（三河）・刈谷・挙母・田野口・浜松・掛川・沼津・苗木・高遠・加納・福島・高島・長島・飯山・飯田・須坂・小諸・岩村田・西端・西大平・田中・棚倉・高崎・小幡・安中・館林・沼田・吉井・上田・七日市・松代・小島・郡上・相良・横須賀・岩村・磐城平・松本・大垣藩支（後野村）藩等ノ諸藩及旧幕府交代寄合等四百四十七人、各勤王ノ証書ヲ慶勝ニ致ス。是日、慶勝、之ヲ朝廷ニ上ル。

五、王政復古の大号令直後の新政府・三職の構成（慶応三年十二月十二日時点）

・総裁　有栖川宮熾仁親王

・議定　仁和寺宮純仁親王

山階宮晃親王
中山忠能（前大納言）
正親町三条実愛（前大納言）
中御門経之（中納言）
徳川慶勝（前尾張藩主）
松平慶永（前越前藩主）
浅野茂勲（安芸藩世子）
山内豊信（前土佐藩主）
島津茂久（薩摩藩主）
大原重徳（公卿）
万里小路博房（公卿）
長谷信篤（公卿）
岩倉具視（公卿）
橋本実梁（公卿）
丹羽淳太郎（尾張藩士）
田中国之輔（尾張藩士）

・参与

荒川甚作（尾張藩士）
中根雪江（越前藩士）
酒井十之丞（越前藩士）
毛受鹿之助（越前藩士）
辻将曹（安芸藩士）
桜井与四郎（安芸藩士）
久保田平司（安芸藩士）
後藤象二郎（土佐藩士）
神山左多衛（土佐藩士）
福岡藤次（土佐藩士）
岩下左次右衛門（薩摩藩士）
西郷吉之助（薩摩藩士）
大久保一藏（薩摩藩士）

六、大久保一藏から薩摩藩士蓑田傳兵衛への書状（慶応四年一月十六日）

「尾州卿ハ、依願一昨十四日御帰国相成申候、是ハ内輪奸党段々相起、此節ハ王命を借、断然御掃攘、全国一躰ヲ以、為朝廷御尽力可被成、最早大義滅親之断決ニて、万一東軍押上候節ハ、国之あらん限リハ防禦可仕と之御事候由」（「大久保利通文書」）

七、江戸城を預かる田安慶頼に対し、勅使橋本實梁が伝えた朝旨（慶応四年四月四日）

第一箇条 … 徳川家名被立下、慶喜死罪一等被宥ノ間、水戸表へ退キ、謹慎可罷在之事

第二箇条 城明渡シ尾張藩へ可相渡之事

第三箇条 軍艦銃砲引渡可申、追テ相当可被差返事

第四箇条 城内住居ノ家臣共、城外へ引退キ謹慎可罷在事

第五箇条 慶喜叛謀相助候者重罪タルニ依、可被処厳刑ノ処、格別ノ寛典ヲ以死一等可被宥ノ間、相当ノ処置致シ可言上事。但万石以上ハ以朝裁御処置被為在ノ事（「太政官日誌」）

【幕末歴史年表】

・嘉永二年（一八四九）　六月　慶勝公、支藩高須藩から第十四代の尾張藩主に（四日）。
この頃、外国船ひんぴんと出没。
・嘉永三年　六月　オランダ船、別段風説書で米国の対日交易意思の噂を伝達。
・嘉永五年　八月　オランダ商館長より「来年には米艦隊が来航し、開国を要求」との情報。
・嘉永六年　六月　ペリー浦賀来航（三日）。
七月　ロシアの提督プチャーチン、長崎来航（十八日）。
同　慶勝公、幕府に海上防備体制の強化を上申。
・安政元年（一八五四）　三月　日米和親条約締結（三日）。
下田・函館の二港を開港。
・安政二年　十月　安政の大地震（二日）。
・安政三年　慶勝公、藩財政の本格的立て直しを図る。献金を募るほか、領民に調達金を賦課。
・安政五年　六月　日米修好通商条約締結（十九日）。
六月　慶勝公、水戸斉昭公など不時登城（二十四日）。
七月　慶勝公等に隠居・謹慎等申し渡し。茂徳公、幕命により尾張家家督を嗣ぐ（五日）。
同　将軍家定没（六日）。
夏頃より安政のコロリ（コレラ）が猛威をふるう。
九月　安政の大獄、始まる。
十月　家茂、将軍に就任（二十五日）。

・万延元年（一八六〇）
三月　桜田門外の変・井伊大老暗殺（三日）。病死に取り繕い、月余空位となる。
九月　将軍家茂の命で、慶勝公謹慎を解かれる（四日）。
十月　和宮降嫁勅許（十八日）。

・文久二年（一八六二）
一月　坂下門外の変・老中安藤信正が負傷（十五日）。
二月　将軍家茂と和宮が江戸城にて婚礼（十一日）。
四月　慶勝公、幕府より正式に赦免（二十五日）。
七月　将軍後見職に徳川慶喜。
同　政事総裁職に松平慶永。
八月　水戸斉昭公が死去。暗殺との風説も（十五日）。
岩倉具視蟄居（二十日）。

生麦事件（二十一日）。
九月　慶勝公が従二位権大納言に（十一日）。
十月　御側御用取次大久保忠寛は土佐容堂公に、攘夷は愚策と開国を説く。また、越前慶永公に開国のため政権返上覚悟での朝廷説得をと説く。
同　勅使の接遇について将軍後見職慶喜が些末な点まで指示。大久保忠寛が老中を批判。勅許のない開国は様にならないと幕閣を酷評。
十一月　長州藩の世子定広が江戸戸山邸に慶勝公を訪問（二十一日）。国事について協力。
同　将軍後見職慶喜は既往の些細な事を取り上げ、大久保忠寛を罷免。
十二月　京都守護職になった会津容保公が兵千名と上洛。翌一月参内、孝明天皇が信任。
・文久三年　一月　坂本龍馬等が大久保忠寛に会う。開国の必要を説かれ、龍馬が開眼。
二月　京都等持院にあった足利尊氏らの木造の首が賀茂河原に晒される（二十二日）。
三月　将軍は兵三千と上洛。尾張慶勝公も藩兵を率い上洛。朝廷の攘夷過激派は将軍を京都に引き留め、様々な行事で攘夷の実行を押し付ける。

四月　慶勝公が朝廷から将軍輔翼を命ぜられる（十七日）。
五月　老中格小笠原長行、生麦事件の賠償金を独断で支払い（九日）。
同　長州藩は下関海峡で外国船の砲撃を開始。攘夷の実行（十日）。
同　江戸留守居茂徳公は幕兵を率い、小笠原長行と上洛へ。慶勝公が制止。
六月　小笠原長行は兵千六百名を率い海路上坂。将軍の離京が許可される。
同　仏国艦隊は下関砲台を占領。高杉晋作は奇兵隊を編成へ。
七月　英国艦隊が鹿児島を攻撃。どちらも勝てなかった戦争。薩摩は和睦へ。
八月　天誅組が大和十津川で挙兵。五条代官所を占拠、鎮圧され失敗。
同　中川宮が薩摩、会津とクーデターを決行（八月十八日の政変）。攘夷
過激派の公卿と長州藩を追放。
九月　茂徳公が退隠し、義宜公（慶勝公の三男、元千代）が相続（十三日）。
以降、慶勝公が藩政全般を指揮。
・元治元年（一八六四）　三月　水戸天狗党が筑波山で挙兵。鎮圧の幕府軍と交戦、京都に向かう。
四月　桑名藩主松平定敬、京都所司代となる。
六月　京都の新撰組が池田屋を襲撃。志士多数を斬殺（五日）。
七月　禁門の変。京都市中が大きく焼失。長州追討となる（十九日）。

八月　四国艦隊と下関戦争。完敗の長州藩は攘夷を放棄。法外な賠償金。
同　幕府、慶勝公を征長総督に任ずるも、慶勝公はこれを固辞（七日）。
九月　再征で尾張藩兵が名古屋発。次の指揮官候補、御側用人千賀信立も参加。
十月　全権委任を取り付け、慶勝公、正式に征長総督となる。
同　慶勝公、大坂城にて西郷隆盛を引見し、その意見を諮る（二十四日）。
同　長州との周旋のため西郷隆盛が若井鍬吉と共に大坂を発し、西下。荒川甚作、林左門は岩国に。
十一月　長州藩、幕府への恭順の意を表すため、禁門の変の責任者三家老に自刃を命ず（十一日）。
十二月　慶勝が征討諸軍に撤兵を発令（二十七日）。
・慶応元年（一八六五）
二月　水戸天狗党の大量処刑。慶喜＝幕府への反感、長州征伐への嫌悪を増大。のち長州再征で西国諸藩の脱落を招く。西郷は幕府を見限る。
五月　玄同公（徳川茂徳）が征長先鋒総督を辞退。
玄同公、旗本後備を命ぜられる。再征軍、江戸進発。
七月　英公使パークスが幕閣と会談。それまでの見聞から、内乱近しと幕府との交渉を見限る。

九月　英公使等は兵庫開港を七日の回答期限付きで迫る（十七日）。京都側と交渉、恫喝。

同　朝廷は長州再征を勅許。老中は英公使等の圧力に屈し、兵庫開港応諾と回答（二十一日）。

同　一橋慶喜が兵庫に来て、朝廷に無断で開港した老中の行為を差し止め、朝廷に知らせ、老中の罷免命令（二十五日）。

同　将軍は大久保一翁（忠寛）を大坂に呼び、長州再征の意見を聞く。今更遅く大義も不十分、寛大な処置をとの進言。

十月　家茂将軍職の辞表を提出（二日）。玄同公が開国の必要を関白に説明。

同　朝廷と徳川慶喜は将軍の辞表に慌て引き留めに躍起。急遽廟議を開く。

同　条約勅許の長い廟議。条約は勅許、兵庫開港は不許可に（五日）。四国連合艦隊は兵庫沖から退去。

同　新老中板倉勝清は勝海舟に長州との周旋を依頼、成果なし。

・慶応二年　一月　玄同公は旗本後備から江戸留守居心得に転出。成瀬隼人正と交替。隔離。

同　坂本龍馬の斡旋で、抗幕の薩長同盟成立（二日）。
二月　老中小笠原長行からの呼び掛けを無視。長州藩は戦備を急ぐ。
六月　長州攻撃開始。芸州、薩摩ほかは不参加を表明。
各口とも完敗。幕府歩兵隊だけが善戦。先鋒総督紀伊茂承公は辞任。
七月　将軍家茂が大坂城において陣没（二十日）。
九月　幕長休戦を協定（十二日）。
十二月　慶喜が将軍と内大臣に就任（五日）。
同　孝明天皇崩御、広がる毒殺説（二十五日）。
同　玄同公が一橋家を相続（二十七日）。藩士若井鍬吉の尽力による。

・慶応三年

一月　明治天皇が践祚（九日）、満十四歳。二条斉敬が摂政となる。
二月　慶勝公が大リストラを実施。文官を大整理、武官はそのまま。
同　藩士全員から誓約書をとる。前年の凶作で米は八割高。綿も不作。
朝廷と幕府に藩塀と股肱の誠を尽くせ。ごますりは厳罰等を宣言。
五月　兵庫開港が勅許。将軍慶喜は外国公使を引見。朝廷に外交機関なし。
六月　幕府の旗本二名が、将軍慶喜の腹心原市之進を暗殺。原因は水戸天狗党の大量処刑と開国の推進。攘夷派からの変節が許せない。

八月　ええじゃないかの騒ぎ始まる。
十月　土佐藩から大政奉還の上書（五日）。
同　討幕の密勅（二十五日）。
同　慶喜が大政奉還を奏上（十四日）。政権交代でなく政体改革。
十一月　慶勝公、湊川神社の造営を建言。
十二月　王政復古の大号令（九日）。慶勝、議定職を拝命。

・慶応四年

一月　鳥羽・伏見の戦い（三日〜四日）。戊辰戦争始まる。
同　徳川慶喜追討令（七日）。
同　近江松尾山で、赤報隊が結成される（八日）。
同　青松葉事件（二十日）。尾張藩、以後、本格的な勤王誘引活動に入る。
二月　有栖川熾仁親王、東征大総督となる（九日）。
三月　江戸薩摩藩邸で西郷隆盛と勝海舟が会談（十三・十四日）。
四月　江戸城明け渡し（十一日）。
九月　「慶応」を「明治」と改元（八日）。

当店の出版目録

『とっさ語辞典』より
いずれも表示は本体価格です

店主の書いた本

●名古屋弁の構造

舟橋武志著・名古屋人も目からウロコ。「名古屋弁の正しい位置づけ」「名古屋弁の成立と内容の吟味」「名古屋弁の特徴は連母音にあり」「いますぐ活用したい珠玉の名古屋弁」「方言周圏論の中の名古屋弁」の五項目について徹底検証。名古屋人も知らない名古屋弁の話を満載。Ｂ6判・二二〇頁・上製・一三三四円。

●名古屋弁重要単語熟語集1～5

舟橋武志著・「あのよう」「いざらかす」「えーて、いかんて」「エビフリャー」など、名古屋弁をキーワードにして綴る、抱腹絶倒の名古屋弁入門講座。名古屋人には自信と誇りを、それ以外の人には名古屋弁のシンズイを。Ｂ6判・二二〇頁前後・1および2は九七一円、3は同一一六五円、4および5は一四〇〇円。

●100%名古屋人　正・続・新

舟橋武志著・「青年都市」としてもてはやされ、その一方では「偉大なる田舎」とも形容される「不思議都市」名古屋。ここに住む人たちが巻き起こす、真面目で愉快な「大名古屋現象」の数々を通して名古屋人のホンシツに迫る。Ｂ6判・二二〇頁前後・各九七一円。

●名古屋人の反省

舟橋武志著・二十一世紀のキーワードは「反省」か？　奥ゆかしい名古屋人とて、例外ではなかった。先に「100%名古屋人」を書いた店チョが名古屋の「くらし」「れきし」「まつり」「ほん」「ひと」の五分野について、シミジミシミジミ考察した本。Ｂ6判・二〇四頁・一二〇〇円。

●めざすは桶狭間！
織田信長が駆け抜けた道

舟橋武志著・尾畑太三氏はその著『証義・桶狭間の戦い』でこれまでにない桶狭間論を展開された。本書はそれに添い、信長の進軍したルートを著者の案内でたどるガイドブック。副題は「読む、歩く『証義・桶狭間の戦い』」。さあ、実際に歩き、現場から考えてみよう。Ａ5判・二〇〇頁・二〇〇〇円。

●将軍毒殺―実録・名古屋騒動

舟橋武志著・安永六年（一七七七）名古屋城下は江戸北町奉行の曲渕甲斐守

一行に急襲された。容疑は十代将軍徳川家治の毒殺未遂。一行は河村秀根ら四人を逮捕、江戸へ引き揚げていった。名古屋タイムズに連載した第一部「宗春無残」を一冊の本に！「それから」の宗春を描くこのシリーズにご期待下さい。巻一、巻二発売中。A4判・各二八〇〇円。

●名古屋いまむかし

舟橋武志編・東京と京都の中間に位置する日本の交差点名古屋。この地はいつの時代も歴史の「もう一つ」の舞台だった。名古屋の代表的な史跡百ヶ所を、それぞれ地図や写真を添えて読み切りで紹介した、手ごろな史跡案内。一九〇〇円。

●ぶらっと中村

舟橋武志著・名古屋の表玄関であり、下町情緒も色濃く残す、名古屋市西部の中村区。秀吉の生まれたところとしてあまりにも有名だが、他にも様々な遺跡や遺物がある。そうした史跡の数々を訪ね歩き、分かりやすく詳しく紹介。B5判・一四〇頁・一四〇〇円。

●【発掘】名古屋の宮本武蔵

舟橋武志編・名古屋は円明流が花開いた地だった。武蔵は寛永七年から三年間滞在、去ってからは養子の竹村與右衛門（頼角）を送り込んだ。武蔵が名古屋で見せた執念は柳生への対抗心があったからなのか。その足取りを名古屋で追う、「もう一つの」武蔵論。B5判・袋とじ一〇〇頁・一八一〇円。

●【追跡】ふるさとの前田利家

舟橋武志著・前田利家の足跡とそのルーツを追う、歴史探索ガイドブック。前田氏の祖先は美濃から来た！荒子城のあった本当の場所とは？幻の人、利家の二人の姉はどこへ？など興味深い話もいっぱい。B5判・一五二頁・一六〇〇円。

●武功夜話のふるさと

舟橋武志、滝喜義著・信長、秀吉は『武功夜話』なくして語れない！同書で明らかになった江南市内の史跡を中心に、一般の人にも分かりやすく紹介する戦国歴史散策ガイドブック。地図や図版、写真など約二百点も収録。A5判・二四〇頁・二三三〇円。

●武功夜話紀行［東海の合戦］

舟橋武志著・守山崩れ、稲生ケ原の合戦や浮野ケ原の戦い、あるいは岐阜、長島、亀山などでの合戦を、いま注目の書『武功夜話』をもとにして徹底検証。戦国合戦ドラマを通して知る、郷土の知られざる歴史の数々。A5判・二三二頁・二三三〇円。

●歴史探索・徳川宗春

舟橋武志著・「倹約で国が栄えるか」「芸なくば野人と同じよ」――名古屋人もびっくり、すごい殿様がいた。尾張七代藩主宗春を通して名古屋の秘密に迫る。［名古屋城編］詳細な宗春年譜付き。A5判・一九〇頁・一四五六円、［残照の宗春編］A5判・一八〇頁・一九〇〇円。

●見た聞いた考えた豊臣秀吉大研究

舟橋武志著・「誕生地、中村公園はでっち上げだった」「秀吉は墨俣築城二年前にも一夜城を築いていた」――名古屋を中心に、東海地方に点在する秀吉ゆかりの史跡約百カ所を訪ね、新しい秀吉像を浮き彫りにした、足で書いた郷土史。A5判・上製・二七二頁・二九〇〇円。

●山姥物語実記
舟橋武志著、吉田龍雲画・吉田家の当主龍雲氏は同家に伝わる「山姥物語」を見事な絵巻で再現された。その絵に合わせて「超訳」で現代語化したのがこれ。一番詳しく、かつ分かりやすい、伝説「山姥物語」の決定版。B5判・二一〇頁・三二〇七円。

●斐伊川流域紀行
舟橋武志著・熱田神宮の御神体「草薙剣」出現の地、出雲を「新川みのじ会」のメンバーらとともに自転車で訪ねる。斐伊川とは？　船通山とは？　そして、そこには何があったのか。名古屋と出雲とを結ぶ古代史探訪の旅。A5判・一六〇頁・一七〇〇円。

●いざ、四国お遍路へ！　中年ぼろチャリひとり旅
舟橋武志著・お盆をはさんだ二週間、オンボロ自転車を杖代わりに、四国一周のお変路旅。四万十川を源流から河口まで走破し、伊勢エビと大吟醸で佐田岬を征服。自転車で行ったら、旅はこんなにも楽しくなった！　四六判・一八一頁・一四〇〇円［郷土出版社刊］。

●ガイコツが走った！
舟橋武志著・「冷めた鉄は強く打て」「腐ったらタイになってやる」――天性の？運動オンチが突然マラソンに目覚めた。「苦しい」「ま～いかん」とわめきながらも、走った走った、メチャクチャ走った。名古屋弁を交えながら軽妙なタッチで綴るド素人マラソン挑戦記。B6判・二二四頁・一二〇〇円［七賢出版］。

●それ行け！　夜叉ケ池伝説マラニック　1・2
舟橋武志編、山口数博監修・人は何故にかくも走るのか。毎年夏に行われる夜叉ケ池一三〇キロマラソンに出場した人たちが綴る、完走、乾燥、汗走の感想文集。これを読んだら、あなたもきっと走りたくなる？　B5判・1は一四八頁・一三〇〇円、2は一三二頁・一一〇〇円。

●この町こだわりの旅
舟橋武志著・有名観光地はもうたくさん。一つの自治体に徹底的にこだわり、すみからすみまで「のんびり、ゆったり」歩いた心に残る旅。愛知、三重、岐阜、長野、静岡五県下二十市町村を訪ねる、名古屋からの一泊小旅行。B6判・二〇八頁・一二六二円。

●アマゾンでおこづかいっ！　古本屋やろうよ
舟橋武志著・土日を中心としたサイドビジネスで月四、五万円、もっと真剣にやればさらに可能。「アマゾン」で実際に売ってみた約七カ月間の体験レポート。高ずれば独立、開業も。新装増補版では大幅に頁数を増やし、読者の疑問や悩みにお答えするとともに、実践者たちのレポートも取り入れて一層役立つものに。B6判・二七二頁・一九〇〇円。

●ヤフオクでおこづかいっ！　あなたなら、どうする
舟橋武志著・若い人に負けてたまるか！　七十を直前にしてパソコン・オンチがヤフー・オークションに初めて挑んだノウハウ&エッセー集。趣味と実益、遊びが仕事。楽しみながら「もう一つの」収入を獲得するためのガイドブック。A5判・一九六頁・一九〇〇円。

●地方出版新事情

舟橋武志著・曲がり角にある地方出版の中にあって、なぜか名古屋が面白くなりだした。十年遅れてやってきた地方出版ブームにスポットを当て、出版者たちの夢と現実をルポ。あなたも出版で生きていけるかも? B6判・二〇八頁・一四〇〇円。

●出版デスマッチはムセーゲン

舟橋武志著・全国出版やりたい族一千人に問う「あなたならどう闘う」編。第一話「出版へ!狂わば狂え」から第六話「死ぬまで出版で狂っていたい」まで、超レーサイ出版社である小社の体験的ハチャメチャ出版論。B6判・二六〇頁・一四〇〇円。

●出版バトルロイヤルのゴングは鳴った

舟橋武志著・「出版ほどステキなショーバイはない!」「本屋をバカにすると怒るヨ!」「地方出版・大と小、訪問記」など、わが国最大のレーサイ出版社?をめざす著者の真面目で愉快な出版関係雑文集。B6判・二五六頁・一四〇〇円。

●タウン誌80

舟橋武志著・どこで誰が何を、どうやって出しているのか。80年代における東海地方のタウン誌四十誌を徹底取材した「タウン誌の本」。第一線に立つ編集者たちが雑誌を作ることの苦しさや面白さ、出版のノウハウやヒントなどをあますところなく公開。B6判・上製・二四〇頁・一二八〇円。

●三流編集者、鉛筆小僧のもうちょいアップ!文章術

舟橋武志著・手紙、eメール、日記に企画書、レポート……何かと文章を書く機会は多い。いまよりも「もうちょい」うまくなれるテクニックはないのか。三流編集者だからこそ教えられる?執筆から上手な自費出版までのアノ手コノ手。変形(一六・二センチ×一三・五センチ)・九〇頁・九〇〇円。

●名古屋弁訳仏説阿弥陀経

舟橋武志編・お経は意味が分かってこそアリガタイ。もう「知らぬが仏」とは言わせない。仏説阿弥陀経の意味を分かりやすく名古屋弁に翻訳。一読三嘆、その意味するところはこんな内容だった! A5判・六〇頁・七〇〇円。

●合本「マイタウン名古屋」1・2

舟橋武志編・小社が月刊で出し続けた「出版+郷土史」に関する極私的ミニコミを一冊の本に。こうして繰り広げられた、マイタウンの舞台裏。B5判、1巻は二四八頁、三〇〇〇円、2巻は五〇〇頁、六〇〇〇円(限定一〇〇部)。

●合本「名古屋なんでか情報」

舟橋武志編・平成十五年から発行してきた郷土史主体の月刊「名古屋なんでか情報」を、一年ごとに一冊の本に。郷土史はこんなに面白い! 毎年初めに前年分を発行。A4判・各三八一〇円。

●紙碑「東野村と武馬家の歴史」

武馬毅編・「武馬」姓は江南市の東野を発祥の地とするが、姓氏辞典にも登場してこない謎の姓だ。第一部「東野村と武馬家」(武馬毅)、第二部「武馬姓の探求」(舟橋武志)の二部構成でその謎に迫る。A4判・上製・二一〇頁・八五〇〇円。[協力出版]

名古屋関係の本

●石造物寄進の生涯・伊藤萬蔵

市江政之著・幕末から昭和初期にかけて寺社に常夜灯や鳥居、狛犬などの石造物を寄進し続けた名古屋の奇人、伊藤萬藏。一説にその範囲は「北海道を除く全国」と言われながらも、その実像と実態は不明だった。初めて明かされる謎の人物とは。B5判・二四八頁・二八〇〇円。

●不屈の男
名古屋財界の怪物 山田才吉
藤澤茂弘著・ケチなことは大嫌い、どうせやるならでっかいことを—アイデアと実行力で明治・大正期を駆け抜けた名古屋人らしからぬ実業家の生涯。名古屋名物となる守口漬を開発し、巨大な東陽館や南陽館・水族館を造り、聚楽園(東海市)に日本一の大仏を造った男の生き方がいま明らかに。A5判・三二〇頁・二〇〇〇円。

●春姫さま
藤澤茂弘著・尾張初代藩主徳川義直の正室春姫とはどんな女性で、どのような一生だったのか。あまり知られていない彼女にスポットを当て、その実像をあぶり出した実録風歴史小説。いま本丸御殿の復元が話題になっているが、二人はそこで暮らした最初で最後の人でもあった。A5判・六〇頁・四七七円。

●熱田区の歴史散歩
ブックショップ「マイタウン」編・「より詳しく、より分かりやすく」をモットーに編集。実際に歩いて、見て、考える、「わが街」を「再発見」するための必携ガイドブック。A5判・一二〇頁・九八〇円。

●南区の歴史探訪
池田陸介著、桜井克郎画・南区内の史跡や地名などを分かりやすく紹介、それぞれに見るも楽しいイラストを付けた。特にこれまで軽視されがちだった新田関係にも大きなウエイトを置いた。明治二十一年当時の新田図、近世村絵図など貴重な資料も収録。B5判・一二六頁・一二〇〇円。

●千種村物語
名古屋東部の古道と町なみ
小林元著・名古屋東部はどのようにして発展してきたのか。飯田街道、高針街道、覚王山通、塩付街道、四観音道、その他様々な街道を通して知る千種区、名東区の歴史。A5判・二〇〇頁・二〇〇〇円。

●香流川物語
長久手・猪子石の今昔
小林元著・庄内川の支流香流川は名古屋の東部を流れる全長十五キロほどの川。流域にある長久手・猪子石両地区の歴史を丹念に掘り起こした著者ならではの労作。すっかり都市化されたこの地にも、多くの出来事が秘められていた。A5判・一八二頁・一九〇〇円。

●猪高村物語　名東区の今昔
小林元著・名古屋市の東部、名東区は都市化でもっとも激しい変化を見せたと地域。区の面積の大半を占めていたのが猪高村だった。かつての村はどのように変わったのか。町並み、暮らしなど様々な面からかつての様子をしのぶ。A5判・二三四頁・二〇〇〇円。

●矢田川物語
小林元著・矢田川沿いの大森・印場・森孝新田の歴史。この限られた地区を舞台に、古代から近代までを描く。前著同様、著者ならではの緻密な調査により、様々な歴史やそれにまつわるエピソードなどを掘り起こしている。A5判・二六四頁・二〇〇〇円。

●名古屋コーチン作出物語

入谷哲夫著・「養鶏も武士道なり」—メンデルの遺伝学も、現代のハイテクもない。そんな中で御家流砲術の精神を応用、明治の失禄武士・海部兄弟が編み出した、日本実用鶏種第一号「名古屋コーチン」誕生秘話。A5判・二一〇頁・一九〇〇円。

●謎の古代豪族「尾張氏」の誕生

早瀬正男著・副題は「守山白鳥塚古墳の歴史像復元」。尾張氏は娘を即位前の継体天皇に嫁がせ（安閑・宣化両天皇を生む）、外戚として威を振るうまでになる。この古代豪族の「始祖」はだれだったのか。著者は名古屋市守山区にある白鳥塚古墳の被葬者に注目した。A5判・一四四頁・一五〇〇円。

●名古屋城下図

作者不詳・蓬左文庫秘蔵の幕末城下図をカラー四〇頁で再現。「見る地図」から「読む地図」へ——寺社、道路から侍屋敷の住人まで、当時の様子を克明に読み取ることができ、見る人をはるか江戸時代の名古屋へと誘ってくれる。B5判・四〇頁・三三三三円。

●尾張藩幕末武家屋敷図—付・下級士族名簿

鬼頭勝之編・嘉永六年に花房馬橋という人が書き残した名古屋城下の住宅地図を、見やすいようにB5判に拡大して復刻。この巻末には五百人近い下級武士の名前や石高・住所も記されており（これは活字化）、幕末の城下を知る上で貴重な史料と言える。B5判・二一〇頁・七〇〇〇円。

●ナゴヤベンじてん

荒川惣兵衛著・角川版『外来語辞典』の編纂者として名高い同氏が自費出版されていた幻の本を復刻。まだ元気だったころの名古屋弁を氏ならではの緻密な作業で収録、数ある名古屋弁辞典の中でも記念碑的な本。B5判・二六八頁・二三〇〇円。

●データで見る名古屋の気象—名古屋は本当に暑いか？

新谷光三著・夏は暑くて、冬寒いと言われる名古屋。果たしてその実態はどうなのか。気象協会に席を置いた著者が豊富なデータをもとに徹底分析。「参考」として重要と思われる用語の解説、この地方に伝わる天気のことわざなども収録。B5判・二〇四頁・一四五六円［日本気象協会東海本部刊］。

●われらをめぐる伊勢の海

太田立男著・気象協会の職員として海を見続けてきた著者の書いた、伊勢湾のいま。海の汚れは、水質は、そして深さや流れは？　青い海を取り戻すために。A5判・二二〇頁・一〇〇〇円。

●住まい・まち・地域

服部千之著・「名古屋における都市再開発」「保存と開発」「弱者の交通問題」など、都市計画のパイオニアである著者が名古屋を中心に取り組んできた論文の数々を一冊に収録。A5判・上製・三一六頁・三九〇〇円。

●住まいづくり・町づくり

服部千之著・新聞に発表されたものを集めた、やや軽いタッチの評論集。早くから市民参加、生活優先、人間中心を訴え続けてきた著者の先見性が光る。A5判・一〇八頁・九八〇円。

●志段味の自然と歴史
志段味の自然と歴史に親しむ会編・名古屋市守山区の志段味地区を中心に活動している同会の会報「私たちの博物館―志段味の自然と歴史を訪ねて」を合本に。Ｂ５判・三二六頁・三〇〇〇円。

●常磐連区誌
名古屋市常磐尋常高等小学校編・中村区と中川区とにまたがる岩塚・烏森・高須賀・長良・四女子・小本・篠原・八田・万町などは常磐連区とされていた。昭和十年にまとめられた地元の歴史書で、地理・産業・寺社・人物・旧跡などについて書きとめている。Ａ５判・八六頁・一〇〇〇円（復刻）。

郷土史関係（一般）の本

●尾張藩幕末風雲録
渡辺博史著・幕末から維新にかける動乱期に、御三家筆頭の尾張はいかに動いたか。尾張の「活躍」がなかったら、江戸無血開城への道もなかった。幕府と朝廷との双方に軸足を置き、「血ぬらずして事を収めよ」とばかり、水面下で果たした尾張の役割とは。Ａ５判・二六四頁・二五〇〇円。

●【追録】尾張藩幕末風雲録
渡邊博史著・内乱を避けようと水面下で必死に働く尾張藩士たちの中に、林左門という弁も立ち腕っ節も強い大柄の男がいた。これまで語られてこなかった周旋に命を賭けた男、林左門に光を当て、激動の幕末史を描く。Ｂ５判・二一〇頁・二五〇〇円。

●尾張藩の幕末・維新
木原克之著・幕末から明治維新への激動期、尾張藩内はクーデター「青松葉事件」に揺れた。十四代藩主慶勝とその弟、十五代藩主茂徳。二人はこの時代をどう乗り切ろうとしたのか。歴史好きの元放送プロデューサーが多彩な史料をもとにして読み解く、尾張の知られざる幕末・維新史。Ｂ５判・一二二頁・一九〇〇円。

●女たちの徳川―伊勢上人・熱田上人・千姫・お亀の方
鬼頭勝之著・戦国乱世は男たちが活躍した時代だった。が、その陰で男を動かしたのが女たちだ。そこには近代的・合理的な解釈のみでは理解できない情念や怨念の世界があり、一例をあげるならば祈祷師や御陣女郎らの暗躍があった。表題四人の女性を通し、新たな史観を確立しようとした意欲作。Ａ５判・一一六頁・二〇〇〇円。

●裏から読む大坂の陣―善光寺・豊国社・お江与・甚目寺
鬼頭勝之著・豊臣政権の崩壊から徳川政権の登場へ――。冬・夏両陣の知られざる合戦の実態と、淀殿やお江与ら女たちの果たした役割などを描く、いわば前作『女たちの徳川』の姉妹編。比丘尼や巫女の集住した善光寺・甚目寺・真清田神社などの「もう一つの顔」も明らかに。Ａ５判・二四〇頁・二五〇〇円。

●宗春と芸能 付・忍びの者と山伏
鬼頭勝之著・宗春は突然変異的に現れたのではない。出るべくして出た、時代の申し子であった。尾張での芸能を中心とし、新たな古文書など各種史料をもとに、それ以前の社会情勢をあぶり出して宗春を読み解く。Ｂ５判・一四八頁・二五〇〇円。

●津島上街道

飯田守著・名古屋から枇杷島、新川を経て津島へ至る道は単に「上街道」とも呼ばれていた。甚目寺、津島神社の目玉があり、「物参り」の道としてもにぎわった。都市部にありながら、その面影はいまなお色濃く残っている。独りで歩ける案内図付き。B5判・二一〇頁・一九〇〇円。

●美濃路NOW

新川みのじ会編・東海道（熱田宿）と中山道（垂井宿）とを結ぶ重要街道「美濃路」。全長五十八キロに点在する沿線の史跡や遺物などを徹底ガイド。独りでも歩ける小冊子「完全踏破マップ」付き。A5判・一六八頁・一六〇〇円。

●史跡散策「愛知の城」

山田柾之著・信長や秀吉、家康はどうやって天下に躍り出たのか。戦国時代の城を中心に、県下一千余カ所の城跡を約一千点の写真とともに紹介。城を通して知る、ユニークな郷土の歴史。B5判・二八八頁・五〇四九円。

●東海の昔話

平松哲夫著・昔話にとりつかれた男、平松さんが東海三県を訪ねに訪ね、地元の古老などから採話した忘れられない昔話三十話を収録。ふんだんに挿入された庵久美子さんの切り絵がやさしい。B6判・上製・一七八頁・一五〇〇円。

●新版・愛知民衆運動の歴史

伊藤英一著・尾張国解文にみる国司と郡司・百姓等の抗争から、明治時代の地租改正反対運動、自由民権運動や社会主義運動、さらには大正時代の米騒動、鳴海小作争議までを分かりやすく紹介。民衆の側に立って書いた、異色の郷土史。B6判・上製・三一二頁・二五〇〇円。

●評伝・鈴木楯夫

伊藤英一著・ここに、この人。これまでほとんど語られることのなかった鈴木楯夫を「名古屋社会運動の先駆者」として位置づけ、その活動ぶりから人となりまでを明らかにした、著者ならではの労作。B6判・上製・二一六頁・二五〇〇円。

●山姥物語とその史的背景

滝喜義著・尾張本宮山と美濃おがせ池を舞台とする「山姥物語」は単なる伝説ではなかった！　物語の陰に隠されていた梶原景時とその一族の興亡を明らかにし、尾張平氏の知られざる活躍ぶりを描く。「山姥物語実記」の写本も全文復刻。A5判・二二八頁・二〇〇〇円。

●【郷土資料】岩崎山の歴史探訪

栗木英次著・岩崎山は愛知県小牧市内にある奇岩と信仰の山。名古屋築城の折、石が切り出された山としても知られている。変貌著しい岩崎地区の歴史と現在を後世に残そうとの意気込みで、地元にお住まいの著者が懸命に書き留めた貴重な記録集。B5判・一七一四円。。

●知られざる岩崎山

服部修政著・奇岩怪石におおわれた小牧の岩崎山とは一体どんな山だったのか。名古屋城での一つの不思議な石との出会いから、著者の歴史をさかのぼる旅が始まった。「名古屋城からの出発」「岩崎山への旅」「岩崎山の解明」「岩崎山の周辺を歩く」などを収録。B6

判・上製・二五四頁・二〇〇〇円。

●知られざる香良洲社

服部修政著・香良洲社とか烏杜天神社などという名前の神社がある。その一方では烏喰いとか烏喚びとか いう神事を行っている神社もある。この「カラス」とは一体なんなのか。謎を解き明かすための著者ならではの旅が始まった。Ａ５判・袋とじ八八頁・一四二九円。

●尾張明細図

小田切春江作・明治十二年に出版された一枚ものの地図（七〇センチ×九〇センチ）。明治初期の様子がよく分かるうえ、伊勢湾に帆船と蒸気船を描くなど、絵画的手法を取り入れたカラフルなもの。二〇〇〇円。

●尾張国地図集成

名古屋史談会作・尾張藩によって作られた地誌「張州府志」の付図一巻を、見やすいように拡大して一冊に復刻。名古屋城下をはじめ各郡内、著名神社など二十九図を収録した貴重な史料集。Ａ4判・六〇頁・三〇〇〇円。

●尾張国町村絵図

徳川黎明会の全面協力により、現在の名古屋市内一九四町村の絵図を一挙収録。集落の様子や寺社、河川、田畑、用水に至るで克明に描かれており、原図の持ち味をカラー大判でぜいたくに再現。一村ごとのバラ売りも可。国書刊行会刊。Ｂ3変形判・全五巻（豪華本）・一九八〇〇〇円。

●円空の隠し文

伊藤治雄著・荒子観音の有名な千体仏「千面菩薩」。その正しい数が一〇二四体であることが分かった。長年、円空に関心を持つ技術者の著者はこの数字に衝撃を受け、円空と円空仏を訪ね歩く旅が始まった。そこから出てきた意外な結論とは。Ａ５判・一九〇頁・一五〇〇円。

●円空山河―尾張・美濃・飛騨の円空街道を疾走する

黒野興起著・円空仏に関する本は多いが、円空その人を描いたものとなると意外に少ない。円空に魅せられた画家が円空の足跡をたどり、その中から愛知、岐阜両県下を舞台にして円空の生き様を追う。Ａ５判・一八八頁・一四〇〇円。

●岐阜の岡本一平 聖家族からの解放

黒野こうき著・岡本かの子の夫であり、岡本太郎の父親だった、近代漫画の先駆者一平。その彼は疎開先とした岐阜で過ごし、そして、この地で亡くなっている。約三年間の晩年を掘り起こした知られざる記録。Ａ５判・一六八頁・二〇〇〇円。

●新聞にみる朝日遺跡

名古屋歴史研究会編・尾張平野の拠点集落「朝日遺跡」の発掘は規模の大きさと出土品の多様さでマスコミなどで大きな話題となった。土器や武具、農耕具、その他次々と発掘される遺物や遺跡に、記者や学者たちの鋭い目が光る。地元各社の新聞記事を一冊に収録。Ａ4判・七〇頁・一二〇〇円［名古屋歴史研究会刊］。

●愛知歴史人物事典

愛知県教育会ほか編・人が歴史をつくり、歴史が人を育てた。愛知県出身および愛知県に事績を残した著名人、三百六十余人を詳しく紹介したユニークな人物事典。「新編愛知県偉人伝」を改

題、復刻。Ｂ５判・四八八頁・六〇〇〇円。

●尾張名所図会

岡田啓、野口道直著・郷土史研究の基礎史料の一つ『尾張名所図会』全十三巻に古地図帳一巻を加え、原本以上に美しく鮮明に復刻。「原文で読む会」ではこれをテキストとして月二回、勉強会を開催、先ごろ全巻を読み切って左記の『のーと尾張名所図会』を作っている。Ａ4判・全十四巻セット・三八〇〇〇円(分売可)。

●のーと・尾張名所図会

栗花光弥著・「原文で読む会」の成果である「尾張名所図会」の読み下しに、講師栗花氏独自の解説などを加えたもの(手書き)。原本に対応した巻になっており、分売可。Ａ4判・各巻二〇〇〇円前後。

●小治田之真清水

岡田啓著・『尾張名所図会』に収録できなかったものを新たに追加。江戸後期にブームとなった各地の「名所図会」の中でも、同書は内容的にも巻数的にも最も優れたものとなっているが、この拾遺版の登場で評価はいよいよ不動のものとなった。Ｂ5判・全六巻セット・一三五〇〇円（分売可）。

●尾張名陽図会　上・下

高力種信著・著者は「猿猴庵」の名で知られた尾張藩士で、また優れた文人でもあり画家でもあった。全七巻から成るものを、上下二巻の大判で再現。本書は『尾張名所図会』に先駆けるもので、文化・文政期前後の名古屋城下の様子を詳しく描いている。種信は小田切春江の師でもあった。Ａ四判・計六〇〇頁・セット一二〇〇〇円（分売不可）。

●尾張人物図会

小寺玉晁著・江戸後期の人、玉晁の『人物図会』を改題・復刻。尾張藩内で「有名な」芸人・物売り・奇人などを絵と文で紹介した奇書。彼らが生き生きと暮らし、周囲の者も温かな眼で見ていた当時の様子がしのばれてくる。Ｂ5判・六四頁・一〇〇〇円。

●東海道名所図会　上・下

秋里籬島編・『都名所図会』を世に出し「名所図会生みの親」と言われる著者の名著を、大正九年の活字版から拡大して復刻。上巻（京都―袋井）下巻（袋井―江戸）。豊富な挿し絵と総ルビ付きの本文で「見る」「読む」東海道ガイドの古典的史料。Ｂ5判・計九六〇頁・セット一〇〇〇〇円（分売可・各五〇〇〇円）。

●木曽路名所図会

秋里籬島編・「木曽路」とあるが木曽谷の部分を言うのではなく、京都から江戸に至る中山道六十九次全体を指す。豊富な挿し絵を売り物に、街道とその周辺の名所、旧跡、寺社、風物などを紹介。江戸期に出された本を、読みやすく拡大して復刻。Ａ4判・和本風仕立て・全四巻・二三〇〇〇円（分売可）。

●善光寺道名所図会

豊田利忠編・著者は尾張の支藩、今尾藩（岐阜県・海津市）の藩士で、本書も名古屋の書店から出版されている。中山道と別れる洗場（塩尻）から松本を経て善光寺へ、さらには追分（軽井沢）に至るまでの名所を案内。挿し絵は『尾張名所図会』で腕を振るった小田切春江も担当している。Ａ4判・和

本風仕立て・全五巻・二五〇〇〇円（分売可）。

郷土史関係（専門）の本

●尾張国愛知郡誌

田中重策編・明治二十二年に出版されたもので、旧愛知郡を知るうえで不可欠の書。郡内の名所、旧跡から地理、物産、行政機構などに至るまで、あらゆる分野を詳述。著者独自の見解が随所で光る。B5判変形・上製・四八八頁・七〇〇〇円。

●尾張国知多郡誌

田中重策編・明治二十六年に出版されたもので、前述の『尾張国愛知郡誌』と対をなす。知多郡研究に必携の書。B5判変形・上製・四六六頁・七〇〇〇円。

●東春日井郡誌

東春日井郡役所編・大正十二年に郡役所が刊行した同郡最高、最大の歴史資料集を完全復刻。郡内の自然、歴史、文化などが十五章にわたって詳述されており、東春日井郡研究になくてはならない書。A5判・上製・一四六〇頁・一八〇〇〇円。

●西春日井郡誌

西春日井郡役所編・大正十二年に郡役所の出したもので、十五章にわたり旧西春日井郡内の歴史、経済、寺社、民俗、宗教などを詳述している。A5判・上製・七三二頁・一二〇〇〇円。

●西加茂郡誌

西加茂郡教育会編・大正十年に同教育会によって出版されたものを復刻。地誌、沿革、交通、寺社、史跡、風俗、人物、その他、旧郡内のあらゆる分野を詳述、西加茂郡研究に必携の書。A5判・上製・六五〇頁・一〇〇〇〇円。

●高蔵寺町誌

東春日井郡高蔵寺町役場編・昭和七年に同役場によって出版されたものの復刻。有史以前から昭和七年に至るまで、同町の歴史的、文化的一切の事項を最初に著述した大著。『東春日井郡誌』とともに、ぜひ座右に。A5判・上製・五一八頁・九五〇〇円。

●古知野町誌

古知野町教育会編・大正十四年に出版されたA5判の本をB5判に拡大して読みやすく復刻。地理、寺社、人物、町政、教育、産業など、当時の古知野町の様子を詳しく報告。B5判・二五〇頁・四九〇〇円。

●証義・桶狭間の戦い

尾畑太三著・信長はどこをどう走ったのか、義元の考えていた戦略とは——古戦場が二か所にでき、様々な説が飛び交う桶狭間の合戦。この真実に地元に住む著者が各種史料をもとにして挑んだ、これまでにない桶狭間論。これからは合戦を語るとき、この一冊が避けて通れなくなる。A5判・上製・四三〇頁・八五〇〇円。

●武功夜話研究と二十一巻本翻刻

松浦武編・あくまでも原本にこだわり同書の一巻から六巻までを行数通りに、しかも正確・確実に活字化。本書の出版により、初めて『武功夜話』が研究対象に。二巻分を一冊にして全三冊。武功夜話研究会刊、当店発売。B5判・各四七〇〇円。

●前野文書が語る戦国史の展開

滝喜義著・戦国史料『武功夜話』をもとに、その発掘者でもある著者が長年の研究成果を集大成。多くの戦国秘史、意外史ともいうべき内容に満ちあふれており、郷土史や歴史ファンには見逃せない一冊。A5判・上製・三三六頁・五五〇〇円。

●尾州織田興亡史

滝喜義著・織田氏の系譜は史料不足などで分からないことが多いが、『武功夜話』研究の第一人者である著者が同書をもとに見事解明。初代常松の尾張入国以来の岩倉伊勢守系、清須大和守系の流れを明らかにし、合わせて尾張諸城主の「空白」を埋める。B5判・袋とじ八〇頁・一九四二円。

●江南史料散歩　上・下

滝喜義著・江南郷土史研究会の会長を務め、その会報をはじめ各種研究誌に発表してきた日ごろの研究成果を集大成したもの。『武功夜話』を世に出し、織豊史に新しい光を当てた著者入魂の書。B5判・上巻は袋とじ九六頁・一八〇〇円、下巻は二〇八頁・二五〇〇円。

●高屋風土記

高屋村史編纂委員会編・「ムラのあけぼの」から「二十一世紀の基盤整う」まで、滝喜義氏を中心とする同会が「わが村」の歴史を概観。「身近な事柄を題材にして、全体の流れをとられた好著」と専門家の間でも好評。A5判・上製・二四六頁・三〇〇〇円。

●尾張藩創業記

西村時彦著・藩祖徳川義直の一代記『尾張敬公』を改題して復刻。義直の人柄、政治、思想、武事、その他多方面にわたって研究、以降の藩政のあり方にまで言及した郷土史ファン必読の書。A5判・二五八頁・四〇〇〇円。

●尾張志

岡田啓、中尾義稲編・尾張藩の命をうけて編纂された地誌であり、郷土史を研究してゆく上で不可欠の書。内容的にも巻数的にも『尾張名所図会』が他の名所図会より数段優れているのも、この編纂過程で集められたデータをもとにして岡田らが作っているからだ。「名古屋・熱田編」のほか郡別にまとめられており、全部で七巻の構成。B5判・セット二九三〇〇円(分売可)。

●尾張藩士録

著者不詳・嘉永五年(一八五二)時点の尾張藩士名を記した貴重な史料集「家中いろは寄」(名古屋市鶴舞中央図書館蔵)の完全復刻。姓名はもちろん、一人一人の俸禄、役職、居住地、家紋、菩提寺が明記されており、郷土史を研究してゆく上でも必携の書。B5判・上製・六二二頁・一四〇〇〇円。

●尾張藩在郷名家録

作者不詳・安政四年(一八五七)、同五年時点の在村有力者を集大成した貴重な文書の影印本。藩内十一代官所別にその氏名と居住する村、苗字、帯刀、御目見得などの待遇を記す。『尾張藩士録』の庶民版とも言うべき貴重な本。B5判・三二〇頁・九〇〇〇円。

●尾張国地名考

津田正生著・地名研究の基本史料『尾張地名考』に、活用しやすいよう索引を付けて復刻。当時の村の状況、由来などが解説されており、それに関連して寺社、旧家、名所、名産なども合わせて紹介。A5判・六九〇頁・五〇〇〇円。

●尾張国神社考

津田正生著・『尾張地名考』の著者が神社に的を絞り、その由緒来歴を考察した稀覯本の復刻。『塩尻』の著者として名高い天野信景の説を再考したもので、原題は「尾張神名帳集説本之訂考」。B5判・一四〇頁・三五〇〇円。

●愛知県独(ひとり)案内

愛知県農会編・明治三十三年に編纂された同名本の復刻で、県下一市十九郡の産業、経済、文化、歴史などを多方面にわたって概観。明治期における県下の様子をこれによって把握することができる。A5判・四二〇頁・四〇〇〇円。

●徳川家臣団の研究

中島次太郎著・徳川氏研究はその家臣団の研究を合わせて行わなければ完全とはなり得ない。本書は三河の中島氏、幡豆小笠原氏を中心に、大樹寺をはじめとする地元文書をもとにしてまとめた、徳川氏研究の基礎資料。A5判・上製・四九〇頁・七五〇〇円。

●濃尾震誌

片山逸朗著・明治二十四年十月二十八日、根尾谷を震源とするマグニチュード8・0の巨大地震が起きた。本書は当時出版された本の中で最も詳しいもので、濃尾地震を知るうえで不可欠とされてきた稀覯本の復刻。阪神・淡路大震災をも上回った地震の実態とは。A5判・二八三頁・三九〇〇円。

写真・絵画関係の本

●出稼ぎ哀歌―河辺育三写真集

河辺育三・高度経済成長期、日本人は懸命に働いた。一九七〇年代の十年間、名古屋に出てきた出稼ぎ農民を撮り続けた著者の記録写真集。都会の繁栄を底辺で支えた地下鉄工事現場などでの彼らの仕事や飯場での暮らしぶりなどを活写し、ユニークで興味深い写真集となっている。B5判・一二〇頁・一五〇〇円。

●愛知県写真帳

愛知県発行・大正二年に出版された写真集の復刻。愛知県下の官公庁や学校・会社・工場・名所旧跡などを収録しており、当時の様子を目で学ぶことができる。各写真には解説が施されて、これも興味深いものとなっている。最新技術で原本以上に美しく再現。A4判・二五〇頁頁・四五〇〇円。

●尾張名所図絵

宮戸松斎著・明治に入って尾張も大きく変わった。近代の息吹きを最新の銅版画で伝える、興味深い「名所図絵」の傑作。県庁や市役所、銀行にガス会社、もちろん名所旧跡なども多数収録されていて、いまでは懐かしい明治の時代を楽しませてくれる。A5判・一〇八頁・一八〇〇円。

●愛知商売繁昌図絵

ブックショップ「マイタウン」編・約百年前の県下農商工の繁栄ぶりを銅版画約三百枚で再現。近代日本の幕が開き、文明開化の花が咲く。愛知経済のさきがけを記録した貴重な画集。付録資料として当時の業者名千五百余を掲載。B5判・四〇四頁・四八〇〇円。

古文書関係の本

●新撰雛形　工匠技術之懐

河合信次著・宮大工の著者が自分の代で家系が断絶することを憂い、持てる技術のすべてを伝えようとした「遺書」。

図面を多用した全三巻から成り、上巻が「鳥居之部」、中巻が「諸門之部」、下巻が「堂宮之部」となっている。B5判・二一八頁・四五〇〇円。

●宗春の肖像

「享元絵巻」と「夢の跡」

鬼頭勝之編・時の将軍吉宗に政策で堂々と対抗、名古屋を日本一の街にした宗春。その繁栄ぶりを絵巻や史料、古地図などによって現代に甦らせる。「夢の跡」は原文対照で全文を活字化。B5判・一四八頁・一九四二円。

●温知政要

徳川宗春著・尾張七代藩主徳川宗春の施政方針を記した同名書の復刻。「慈」と「忍」による人間尊重の精神はいまの時代にも十分あてはまる内容だ。とかく派手な行動ばかりの目立つ宗春だが、この一冊からもその偉大さがしのばれてくる。影印本。A5判・九〇頁・一二五九円。

●三廓盛衰記

作者不詳・宗春が開設を許可した三つの遊廓の実態を中心に、彼の行動や当時の社会情勢などを事細かに描く。前記同様、小社が主催した「古文書に親しむ会」のテキストとして作られたもの。影印本。B5判・一七〇頁・三〇〇〇円。

●芥見村虚無僧闘諍一件

古文書集・岐阜の芥見で虚無僧同志の縄張り争いが起き、死者まで出す騒ぎとなった。この事件をきっかけに幕府は普化宗の弾圧に乗り出す。佐屋宿に残された貴重な古文書を通し、事件の全貌とその後の裁判の実態に迫る。影印本。B5判・全四巻・平均一一〇頁・セット八〇〇〇円。

●普化宗弾圧の序曲

鬼頭勝之編・前述した「芥見村虚無僧闘諍一件」の翻刻および尾張藩と普化宗との関係を考察。幕府が同宗を禁止するきっかけとなった事件の全貌が初めて活字で明らかに。虚無僧と普化宗研究に一石を投ずることになった著者ならではの労作。B5判・一〇四頁・三〇〇〇円。

●御遺戒書

鬼頭勝之解説・家康が井上主計頭正就に語った政道の教訓書。本書がこうした形で世に出るのは初めて。長期政権となった江戸幕府はどんな意図で開かれ、その教えはどう受け継がれていったのか。家康の考えを知る貴重な影印本。B5判・一一〇頁・二〇〇〇円。

●当世名古屋元結

作者不詳・英明の誉れ高い九代藩主徳川宗睦のもとで起きた「尾張の由井正雪事件」の顛末。宗春亡き後、小姓だった河村秀根に降りかかった容疑とは。幕府の追手も加わり、名古屋城下は開府以来の大混乱に。B5判・二四二頁・四二〇〇円。

●嘉永東海大地震

作者不詳、小牧近世文書研究会翻刻・小牧市岩崎の旧庄屋宅に伝わる古文書の復刻。嘉永七年（一八五四）十一月四日、同五日に起きた巨大地震の各地の被害をまとめたもの。特に津波の被害が大きい。原文に解読文と読み下し文を並記。B5判・袋とじ二四頁・五〇〇円。

●夷蛮漂流帰国録

作者不詳・文化二年（一八〇五）江戸からの帰り、岩国藩の御用船「稲若丸」

が遭難した。乗組員らは漂流中をアメリカ船に助けられ、ハワイの港で降ろされた。国王カメハメハに会い、ハワイで暮らし、原住民らの生活を見聞した貴重な記録。影印本。A4判・六四頁・一八〇〇円。

●政刑秘鑑

作者不詳・江戸時代の刑罰を紹介した写本の影印本。入れ墨や市中引き回し、斬首、その他の刑罰のほか、牢獄の様子などを多くの絵も交えて紹介している。目次には「刑罪大秘録」とあるが、これまで出ている類書の中では最も詳しいものと言える。B5判・八六頁・二三八一円。

●刑罪大秘録

鬼頭勝之編・前に紹介した影印本『政刑秘鑑』(別名『刑罪大秘録』)全文を活字化、江戸時代の刑罰を克明に描く。それらは一体、いかなるものであったのか。これまでのものに見られないほどの詳しさで迫る。巻末に「幕末攘夷派私刑図」付き。A5判・一〇〇頁・三〇〇〇円。

●異説・藤原師長伝説　琵琶物語

鬼頭勝之編・井戸田の里の娘とは違う、熱田社社家の娘との「もう一つの」悲恋物語。未刊の「琵琶物語」を原文と対照で翻刻した。伝説の背後には何が隠されていたのか。解説「師長伝説の彼方」でその謎に迫る。ここに登場する「史実の」師長像には興味深いものがある。B5判・六〇頁・一四二九円。

●御冥加普請の記并図

新川みのじ会編・一東利助の著した同名の本を、原文と対にして翻刻。大野木村(名古屋市西区)で庄内川が決壊しそうになった。天明三年(一七八三)住民らが自発的に取り組んだ堤防補強工事は大成功に終わり、翌年には洗堰や新川開削による分流工事も始まっている。鬼頭勝之氏による解説「一東利助の謎」も付く。B5判・六〇頁・一五〇〇円。

●蓬州旧勝録

鈴木作助著・「蓬州」とは尾張のこと。名所旧跡、古歌、寺社など多方面にわたって書き記されているが、本書はその城下の部分を抜粋したもの。大正期の市史編纂時に書写されており、影印本ではあるが比較的読みやすい。「清洲越し」の商人については特に詳しい。A4判・三〇四頁・四八〇〇円。

●吉田家本「長久手記」

著者不詳、滝喜義解説・『武功夜話』の筆者吉田孫四郎が書き写したものを、古文書研究会などのテキスト用としてそのまま復刻。数ある小牧長久手関係史料の中でも最も早く成立したものの一つで、同合戦を知るうえで不可欠の新史料。A4判・袋とじ一〇四頁・二八〇〇円。

●吉田家本「長久手記」

著者不詳、滝喜義翻刻、松浦武校定・前記『長久手記』を活字化して手軽に読めるようにするとともに、前書の「トラの巻」としても役に立つ。B5判・袋とじ九〇頁・三三三三円。

●吉田家本「節操夜話」

著者不詳、滝喜義翻刻・戦国の尾張、美濃、三河を舞台とした女性の仇討ち物語を記した貴重な本が江南市の旧家吉田家から発見された。興味あふれる同書を見開き二頁に原文と対照して翻刻、古文書を読む楽しさも味わえるように編集した。Ｂ５判・袋とじ八六頁・二〇〇〇円。

●耶蘇宗門根元記

京篤二郎編・『武功夜話』とともに発見されたキリシタン排斥の書「耶蘇宗門根元記」全三巻を初めて活字化。これまで顧みられなかった通俗的な排耶書の内容を明らかにするとともに、その成立背景や特徴などをも合わせて考察。Ｂ５判・袋とじ一〇六頁・二〇〇〇円［名古屋キリシタン文化研究会刊］。頒

●近世葬祭影印史料―『長思録』

福井軏（敬斎）著、鬼頭勝之編・福井が古典なども研究し「長く思って」葬儀の実際を考察、死者の扱いから棺桶の作り方、埋葬の仕方などを記した一種の葬儀マニュアル。江戸期の墓地が発掘されるケースも多いが、本書によってそうしたものの考古学的な研究と解明にも役立ちそう。Ａ５判・二二四頁・五〇〇〇円。

●泰平御武鑑

武鑑とは諸国の大名や幕府の役人を記載した名簿・名鑑で、江戸期に各種のものが出版されている。これは文政六年（一八二三）に岩戸屋喜三郎を版元として作られたもの。当店の主宰する勉強会「古文書に親しむ会」資料として、読みやすいように拡大して復刻されている。Ａ５判・袋とじ八八頁・二三八一円。

●改正御武鑑

文久四年（一八六四）に作られた同書からの復刻。「五機内」「東海道」「東山道」など街道ごとに国々を取り上げ、沿線にある大名の名前や家紋・知行郡・石高・江戸よりの距離などを紹介している。「古文書に親しむ会」の資料として作ったもので、座右に一冊あると何かと便利。Ａ５判・四八頁・一〇〇〇円。

紀行・自然関係の本

●飛騨の渓流釣り

中川榮太郎著・「岐阜は海なし県だから、海の魚は一切使わない」――この宣言以来、下呂で居酒屋を営む著者の死に物狂いの日々が始まった。釣りの奥義を極め、飛騨の谷を知り尽くした著者の渓流釣りガイド＆エッセー。Ｂ６判・二〇八頁・二二六二円。

●体当り！ケチケチ世界大旅行

坂本康司著・Ａ面＝セーヌからガンジスへ［ルポ編］、Ｂ面＝一日千円世界の旅［情報編］。インドを中心に前後三回、通算三年にわたって世界を放浪した著者が、現地で収集した情報をもとに書き下ろす、若者向けケチケチ世界旅行ガイドブック。Ｂ６判・三八四頁・一四〇〇円。

●涅槃と十字架

坂本康馬（康司）著・前書執筆の著者がその後さらに二回にわたる長期旅行を敢行、その体験をもとにして書き綴ったインドとイスラエルの思索紀行。今回はインドの秘境ラダックにも足を向ける。Ｂ６判・上製・二二〇頁・一五〇〇円。

●「もののけ姫」メモ考―新川町から見た東海豪雨

根本憲生著・年間降雨量三分の一が一度に降り、思ってもいなかった新川の堤防が決壊した。著者がそこで見たものは自然との共生を忘れた現代人のお

ごりだった。「新川みのじ会」の世話役であり、同町議員でもある著者の「どうする、都市近郊の河川対策」。B5判・一七〇頁・一八〇〇円。

徳山村関係の本

●浮いてしまう徳山村

朝日新聞岐阜支局編・諏訪湖級の巨大ダム湖に村が消える。ダム建設構想が持ち上がって四十年。静かな山村はどのようにして「解体」されていったのか。「ふるさと」を奪われた村人たちの人間模様を様々な角度から追う迫真のルポルタージュ。B6判・上製・二三二頁・一五〇〇円。

●たれか故郷を思わざる

大牧冨士夫著・離村を前にして、生まれ育った村の風物一つ一つをいとおしむように綴ったエッセー集。NHK(岐阜)のFM放送で五年間にわたって放送され、大きな話題を巻き起こした。B6判・一六〇頁・一二〇〇円。

●徳山ダム離村記

大牧冨士夫著・「全村水没」「全員離村」という未曾有の事態の中で、村民たちは何を思い、何を考えてきたのか。そしてまた、ダムはどうやって忍び込んで来るのか。一村民の回想録であるとともに、ダム問題に揺れる各地の人々へ警鐘を打ち鳴らす書でもある。B5判・三〇四頁・一三五九円。

●ふるさとの灯は消えて

江口義春著・徳山村で生まれ育った著者が集団移転でふるさとを捨てた。忘れ難い徳山村の自然や生活、民俗、風習などを切々と綴った、ふるさとへの鎮魂歌。B6判・二六四頁・一五〇〇円。

●徳山村の伝説

江口義春著・村の語り部、江口老が消え去るのを惜しんで書き残す「新田義貞の最期」「おしか鳥」「殿さま物語」など村の伝説七話を収録。作品すべてが村に事績のある、実在した人々の、事実に基づく話。A5判・二八四頁・一五〇〇円。

●徳山村 その自然と歴史と文化 1

徳山村の自然と歴史と文化を語る集い編・巨大ダム湖に沈む徳山村の記録集。「野鳥の生息から見た徳山村の自然」「縄文時代の徳山村」「徳山村のわらべ歌と民謡」「徳山村過疎調査で感じたこと」その他、植物、信仰、民家、方言などの調査研究成果を収録。A5判・上製・四六八頁・四八〇〇円。

●徳山村 その自然と歴史と文化 2

徳山村の自然と歴史と文化を語る集い編・「山村医療文化としての薬草」「徳山氏と村の伝説」「美濃国豪族根尾氏とその子孫について」「徳山村における遊び」「中部地方の真宗道場建築」「門入と丹生の研究」その他、遺跡、神社、衣服、方言などの調査研究成果を収録。A5判・上製・四八八頁・四八〇〇円。

●合本「美濃徳山村通信」1、2

徳山村の自然と歴史と文化を語る集い編・月刊で発行されてきた同通信を、活用しやすいよう詳細な目次を付けて一冊にまとめた。徳山村関係の全新聞記事も収録。B5判・1は四六〇頁、2は五二二頁・各二八〇〇円。

●大昔の徳山村―縄文人の息吹を追って

篠田通弘著、徳山村教育委員会刊・徳山村で発見された二十余の縄文遺跡をもとに、当時の縄文人がどのような暮らしを営んでいたか、二十七話にして分かりやすく紹介。写真や図版をふんだんに使い、オールカラーで仕上げる。B5判・上製・二〇四頁・三九〇〇円。

日本海軍関係の本

●海軍艦船要覧

渡辺博史著・日露戦争から太平洋戦争までに登場した日本海軍の艦船をまとめたデータブック。海軍所有の艦艇と民間から徴用した小艇に至るまで、あらゆる艦船を時代順に紹介している。長年にわたり軍事史研究に取り組んできた、渡辺氏ならではの労作と言えよう。A5判・五八六頁・六〇〇〇円。

●護衛部隊の艦艇

渡辺博史著・本の副題に(1)は「駆逐艦一」(2)は「駆逐艦二」(3)は「駆逐艦三・水雷艇・哨戒艇」(4)は「海防艦」とあり、全部で四冊の構成となっている。わが国海軍の艦艇とその動きを細かな文字で詳述したデータブック。私家版として四十部制作され、防衛研究所や国立国会図書館などに寄贈された残り。A5判・計一七〇〇頁余・セット三八〇〇〇円。

●壮絶・決戦兵力 機動部隊

渡辺博史著・四冊から成るもので、副題に(一)は「航空母艦・水上機母艦・戦艦」(二)は「戦艦二・巡洋艦・補給艦船・その他」(三)は「航空隊・戦隊・水雷戦隊」(四)は「第一航空艦隊・第三艦隊・第一機動艦隊航空」とある。勝敗は最前線で戦う機動部隊の差にあり。その敢闘と苦闘、変遷などを追った貴重なデータブック。私家版として四十部を制作。A5判・計一六〇〇頁・セット4万円。

●艦隊決戦の幻影 主力部隊

渡辺博史著・艦隊決戦の主力となるのが戦艦と巡洋艦。それらの艦船とその行動を記録するとともに、あまり日の当たらない練習巡洋艦や補給艦なども収録。(一)から(三)までの三冊まで刊行ずみ。A5判・平均四〇〇頁前後・各冊一〇〇〇〇円。

おや? こんな本も

●目からウロコの縄文文化

渡辺誠著・日本文化の基層は縄文にあり! 弥生重視の風潮に対し「米は基層ではない」「水産日本の基礎をつくったのは縄文の漁業」「縄文人も抱いていた死と再生の精神文化」など、具体例で反論。あなたの縄文時代のイメージが変わる。A5判・八八頁・九〇〇円。

●魏志倭人伝謎解き旅

伊藤治雄編・邪馬台国や卑弥呼などを語る中国の書『魏志』倭人伝。この原文にあくまでもこだわり、都合のよいよう勝手に読み替えない。そこから見えてきた意外なものとは。技術屋が読み解いた倭人伝の謎。A5判・一八〇頁・二〇〇〇円。

●日向から大和へ

伊藤治雄著・奈良(明日香村)の「石舞台」は蘇我馬子の墓ではない、もがりの宮だった!「魏志倭人伝謎解き旅」の著者が宮崎(西都市)にある同じタイプの「鬼の窟(いわや)」から導き出した意外な結論とは。古代への夢をかき立ててくれる。B5判・一二〇頁・一四二九円。

●図説違式註違条例

鬼頭勝之編・「イシキ」とは故意の犯罪、「カイイ」とは過失による犯罪の意。明治政府が西欧化を急ぐため、旧来の悪しき風習や習慣を改めるために出した九十カ条から成る条例。「愛知週報」の「図解」を全文収録。A5判・七六頁・一五〇〇円。

●忠臣蔵外伝『忠義画像』を読む

鬼頭勝之編・赤穂義士たちが吉良邸へ討ち入ったときの武器や装束は一体どんなものだったのか。最も古い肖像画集『忠義画像』が偶然に発見された！　そこに描かれていたものはすでに「仮名手本忠臣蔵」の登場を予告するに十分なものだった。著作権フリー。B5判・八〇頁・一〇〇〇円。

●春日大宮若宮御祭礼図

藤原仲倫著・毎年十二月十五日から十八日まで行われる春日若宮の「おん祭り」は奈良の一年を締めくくるにふさわしい盛大な行事だ。江戸時代には十一月に行われていたが、その様子を中心に詳しく描かれており、歴史学的にも民俗学的にも興味深い史料となっている。上中下まとめて全一巻に。B5判・袋とじ一六〇頁、五〇〇〇円。

●自由に使える戦国武将肖像画集

鬼頭勝之編・著作権フリーで戦国武将四十二人（うち二人は女性）を収録。本や雑誌、会報をはじめインターネットのホームページなどにカットとして使えば、紙面も一層引き立つこと請け合い。著作権フリーだから、使い方は自由自在。A5判・袋とじ五八頁・一〇〇〇円。

●諺で考える日本人と中国人

内田稔、張鴻鵬著・日本の諺にならなかった中国の諺とは。諺を通して日本人と中国人との考え方や行動の違いに付いて考える。一話読み切りで小話風に纏められており、中国語を学ぶ日本人に、あるいは日本語を学ぶ中国人には特に興味深い本となっている。A5判・一六二頁・一五〇〇円。

●胃袋全摘ランナー 世界を走る

森久士著・「病は闘うもの」「病気は生き方を変えるまたとないチャンス」――六十を前にして突然のガン宣告。リハビリがマラソンに「転移」し、運動オンチが思いもしなかった老後に。こんな生き方、考え方があったのか。走ればガンも逃げてゆく。同病者には励ましに、モノグサのあなたも読めば走ってみたくなる（かも？）。四六判・二三六頁・一五〇〇円。

●クロパトキン著「日本陸軍秘密研究書」

鬼頭勝之編・原題は「鹵獲（ろかく）書訳文」。「鹵獲」とは奪い取った敵の軍用品のこと。日露戦争の総司令官クロパトキンが旧ロシア満州軍の幹部に当てた秘密文書を発見・復刻。日本通の彼は当時の日本陸軍をどう見、どのように戦おうとしていたのか。埋もれていた史料を発掘して、新聞でも話題に。B5判・袋とじ五〇頁・一三八円。

●とっさ語辞典

佐藤正明著・「ああ」「いや」「おや」……だれもが思わず知らず発してしまう「とっさ語」。そんな言葉の一つ一つを、イラストレーターでもある著者がユーモアあふれる解説とマンガで紹介する、世にも不思議な感動詞辞典。楽しさてんこ盛り。B6判・一七六頁・一三〇〇円。

●ザ・尾張弁

伊藤義文著・「あぁます」「あいさ」「あかすか」……尾張地方で使われている六百二十語をピックアップ、それぞれに解説と用例などを示した「足で書いた」方言集。長年にわたる著者の研究成果をこの一冊に集約。B6判・二〇八頁・一一六五円。

●合本「書皮報」

書皮友好協会編・あの「幻の集団」書皮友好協会の機関誌『書皮報』(創刊準備号から第十一号まで)を一冊に。ブックカバーにこだわる活字中毒患者たちが思い思いに綴る名文、駄文、玉石混淆のカバー談義。B5判・二九六頁・一六〇〇円。

●われら新川人

根本憲生著・新川町議の著者が綴る「にぎわい」と「やすらぎ」のある町づくりをめざして。ぼやいてばかりいたのでは何も始まらない。行政が、町民がいまこそなすべきこととは。こよなく新川町を愛する著者の熱いメッセージ集。B5判・二一二頁・二〇〇〇円。

●安心百話

住田智見著・著者は愛知県生まれの真宗大谷派の僧で、仏教学者としても知られた人。尾張真宗専門学校(現在の同朋大学)の創設者でもある。信心深い人がその著『安心百話』に感動、自費で復刻・出版されたもの。これには同書だけでなく「正信偈」や「念仏和讃」「御文」なども収録されている。B6版・一八〇頁・一〇〇〇円。

●まけるな、とうちゃん

長谷川真人編・「両親のこと」「僕の夢・私の夢」など、養護施設児童がそれぞれの胸の内を素直に綴った感動の作文集。手書き原稿がそのまま載せられていて、書き手の気持ちが直に伝わってきそうな本。A5判変形・一六八頁・九八〇円。

●教科書裁判と教育1～3

野田義光著・十七年間、精力的に教科書裁判の支援活動を続けてきた著者が国の教育政策と管理教育先進県・愛知を例に、教育現場の実態を内側からレポート。B5判・ともに五〇〇頁前後・各一五〇〇円。

ブックショップ「マイタウン」
〒453・0012　名古屋市中村区井深町一・一、新幹線高架内「本陣街」二階。222・2
TEL　〇五二・四五三・五〇二三
FAX　〇五八六・七三・五五一四
郵便振替　00860・2・12258

●小社の本はいずれも少部数で、書店には出しておりません(注文制)。購入ご希望の方は直接小社にお申し込みいただくか、「地方小出版流通センター扱いの本」とはっきり言って、最寄りの書店にご注文下さい。小社へ直接ご注文の場合、合計金額が五千円以上ですと、送料はサービスさせていただいております(未満の場合は一回一律二五〇円)。表示価格はいずれも本体価格です。

●名古屋関係を中心とした郷土史本専門書店を変則的ながら開業しております。営業日および営業時間は月曜日の週一日、午後二時から同六時まで、です(祝祭日は休業)。気軽にお立ち寄り下さい。

幕末尾張藩の深慮遠謀

御三家筆頭の尾張が
本当に何もしていなかったのか

平成二十七年七月一日（三〇〇〇部）

著　者　渡辺博史

発行者　舟橋武志

発行所　ブックショップ　マイタウン
〒453・0012 名古屋市中村区井深町一・一
新幹線高架内「本陣街」二階
TEL〇五二・四五三・五〇二三
FAX〇五八六・七三・五五一四
URL http://www.mytown-nagoya.com/

ISBN978-4-938341-50-3 C0021 ¥1000E